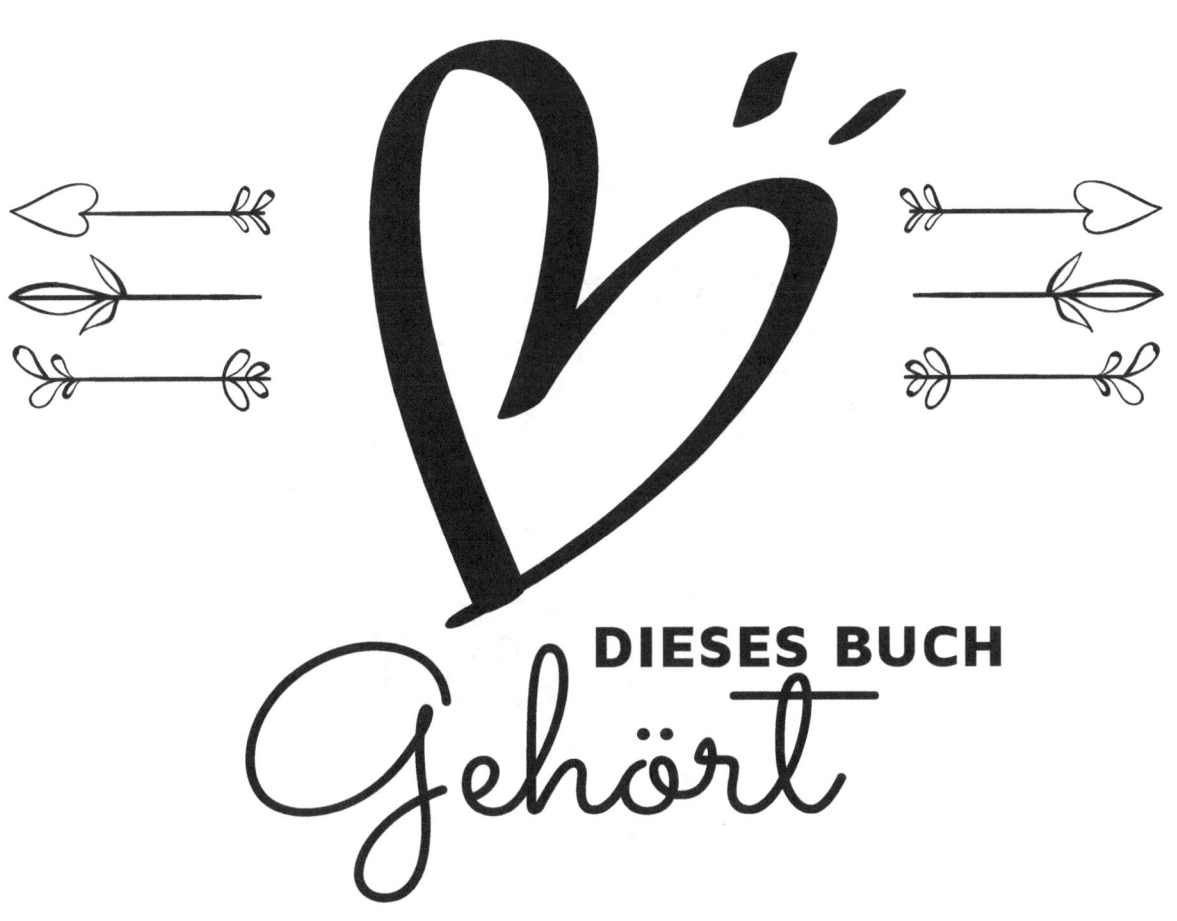

Färben Sie diesen Flamingo

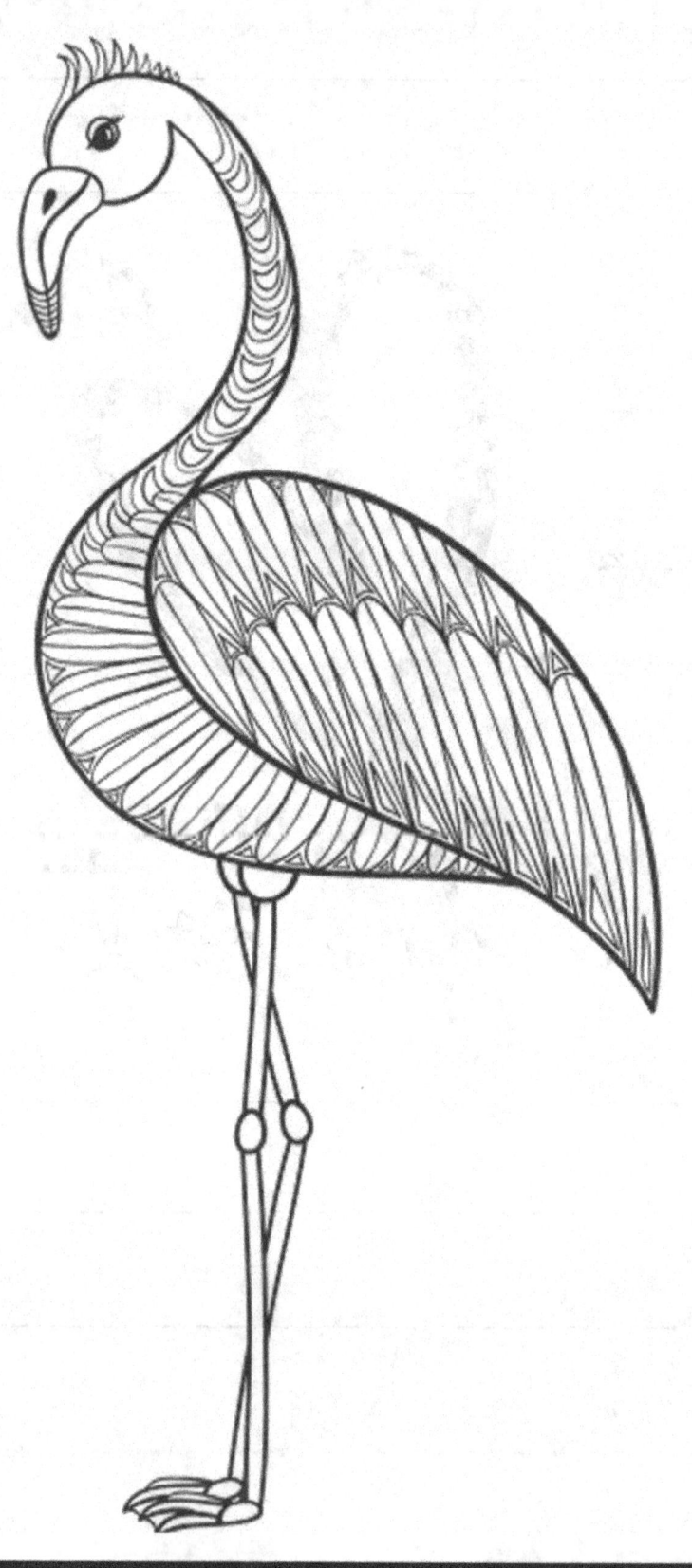

Färben Sie diesen Flamingo

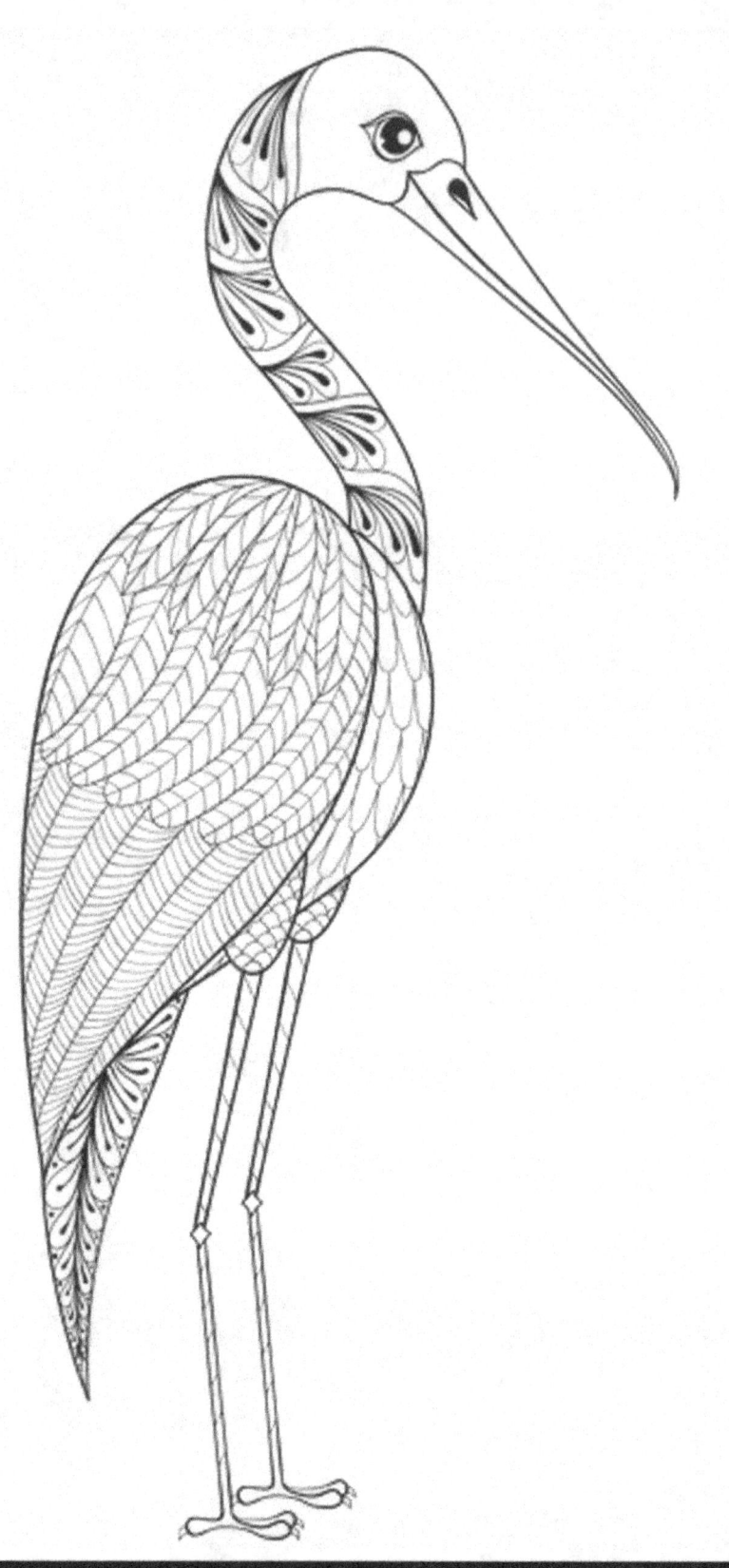

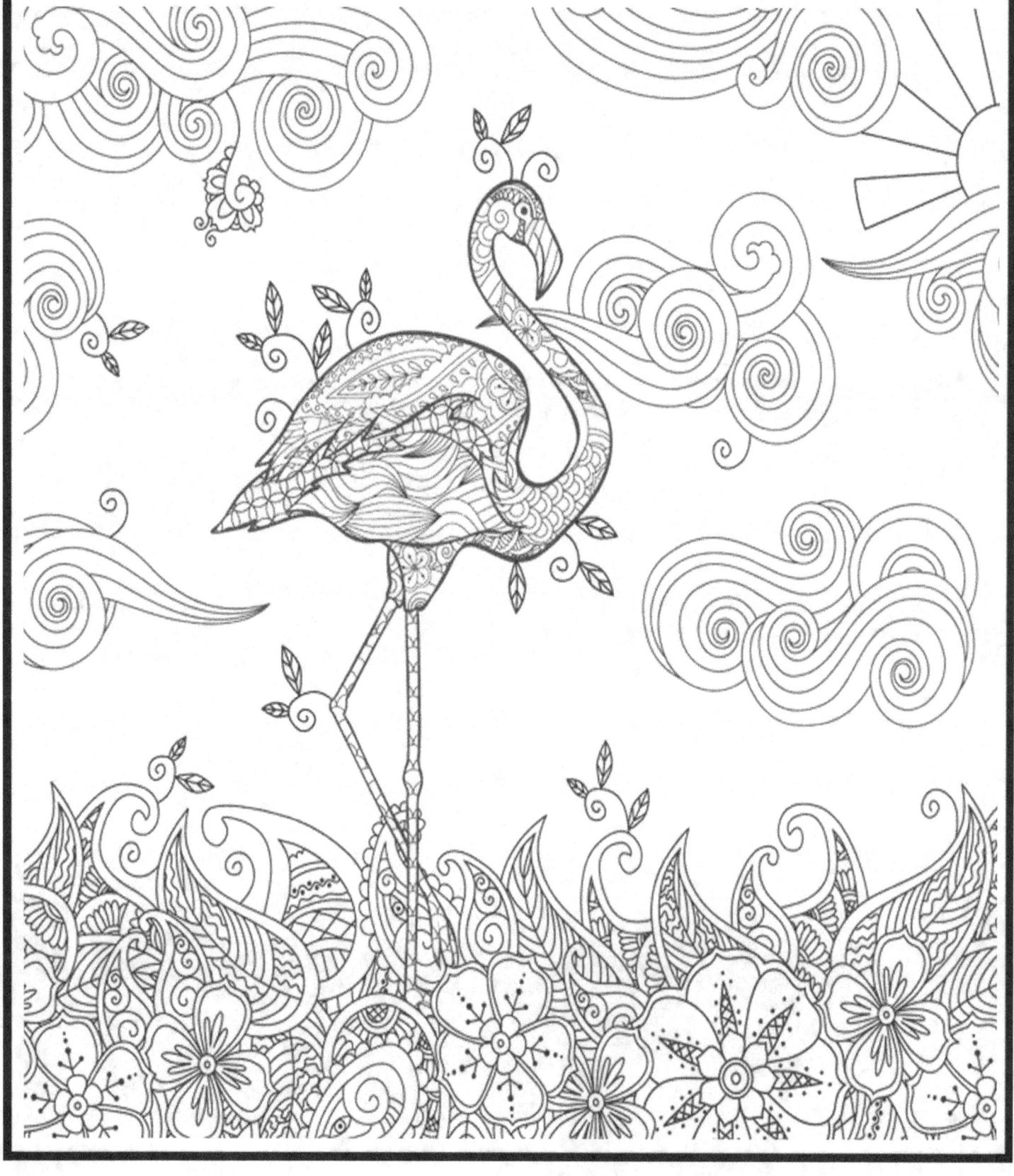

Färben Sie diesen Flamingo

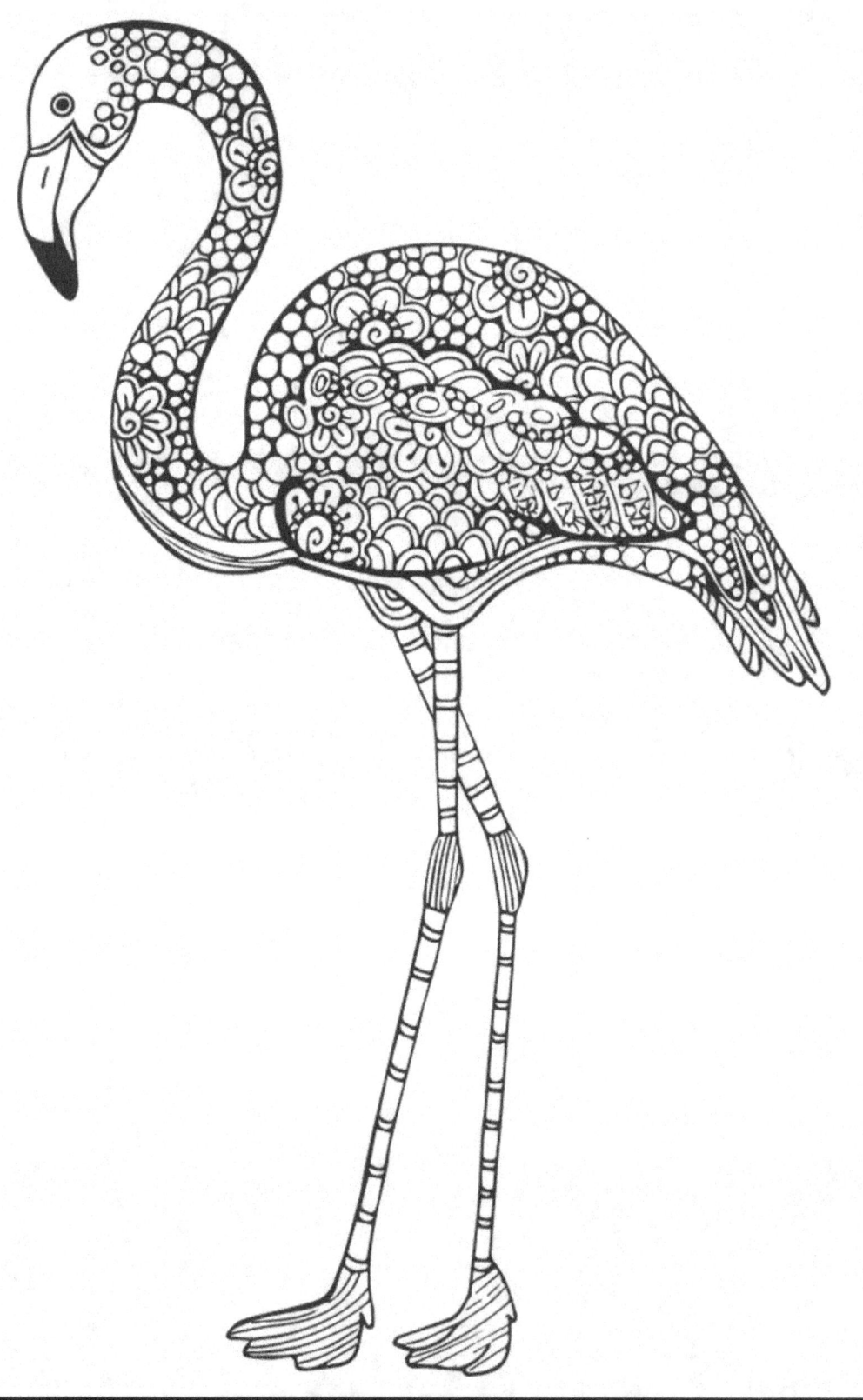

Färben Sie diesen Flamingo

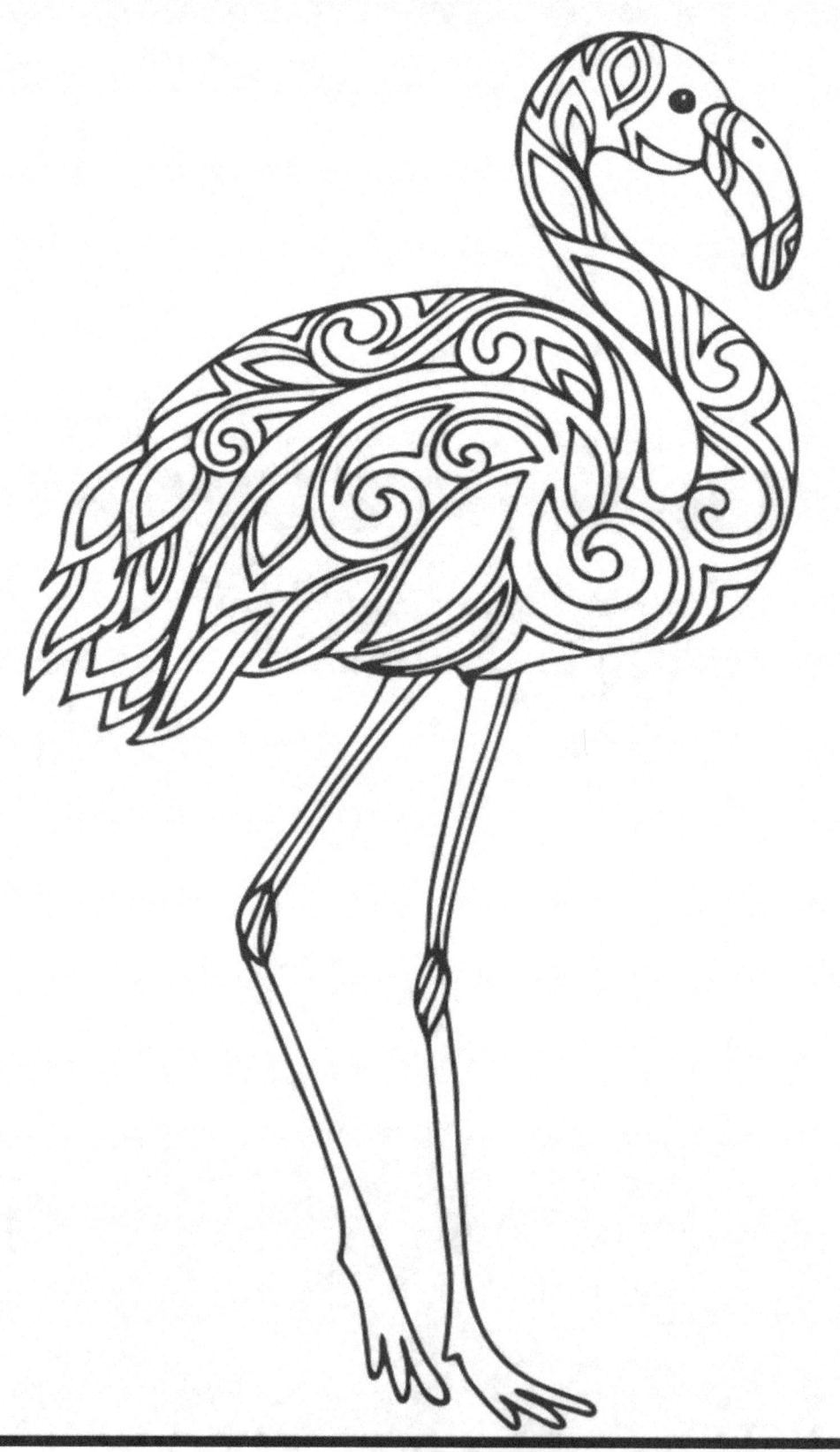

Färben Sie diesen Flamingo

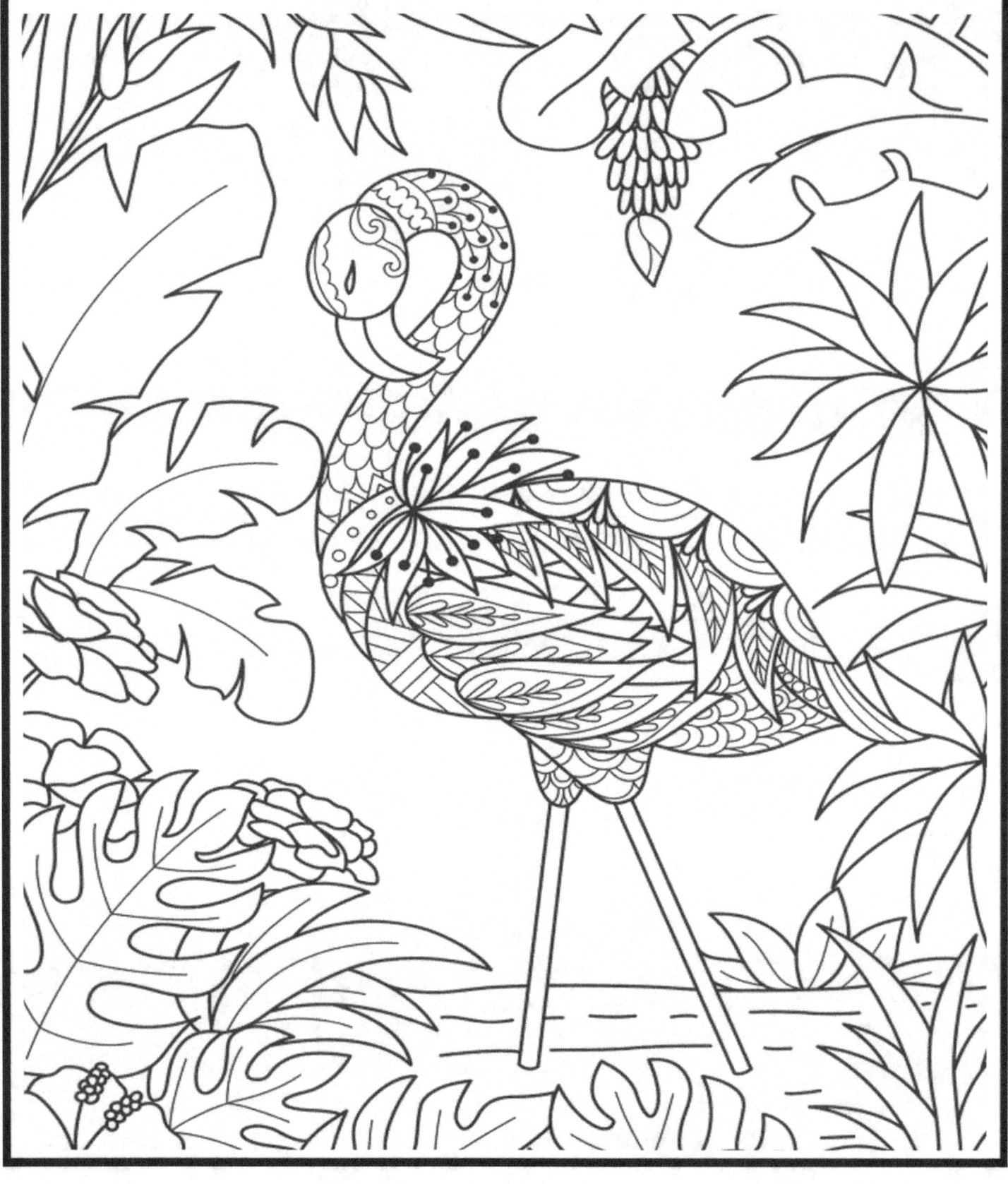

Färben Sie diesen Flamingo

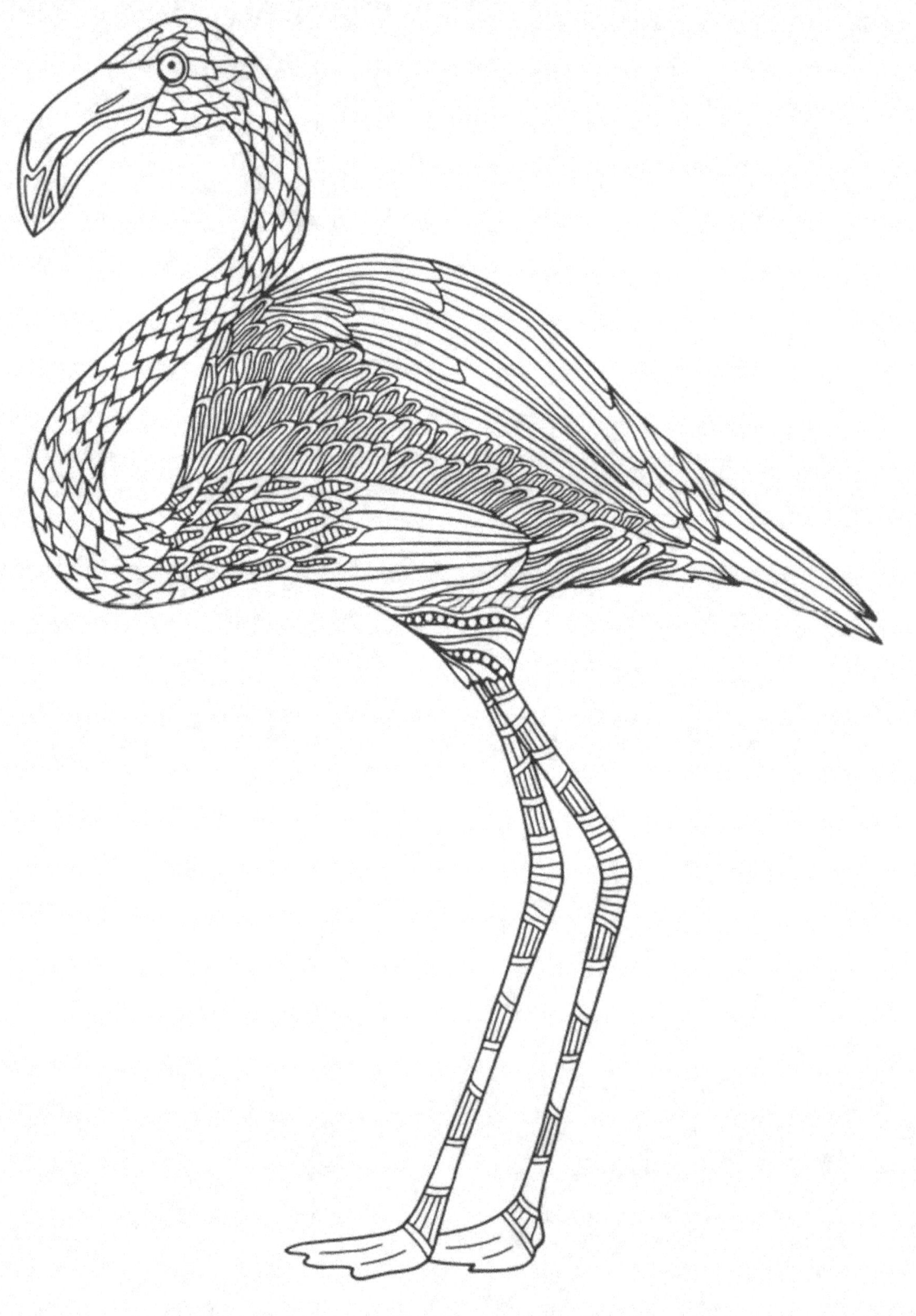

Färben Sie diesen Flamingo

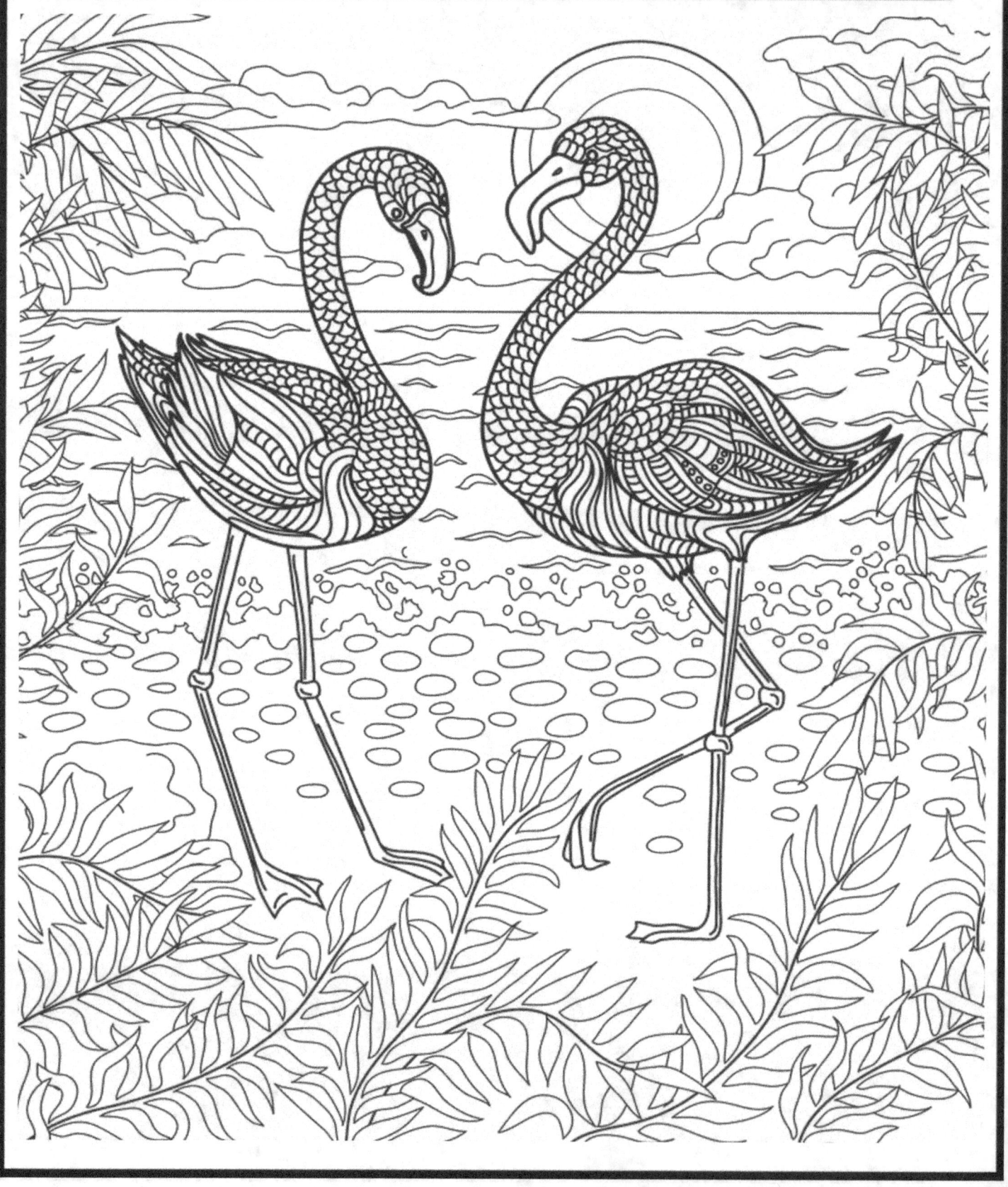

Färben Sie diesen Flamingo

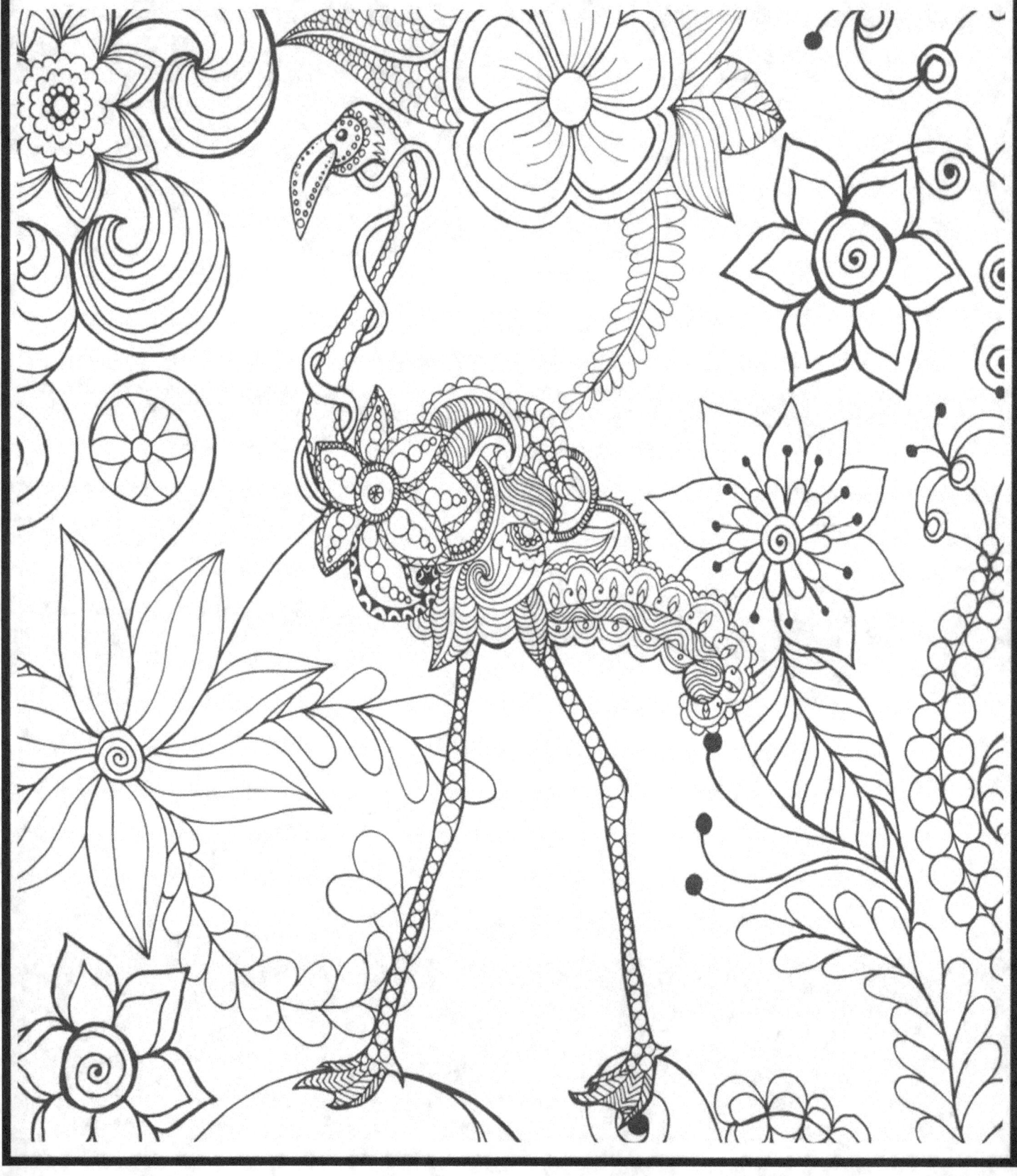

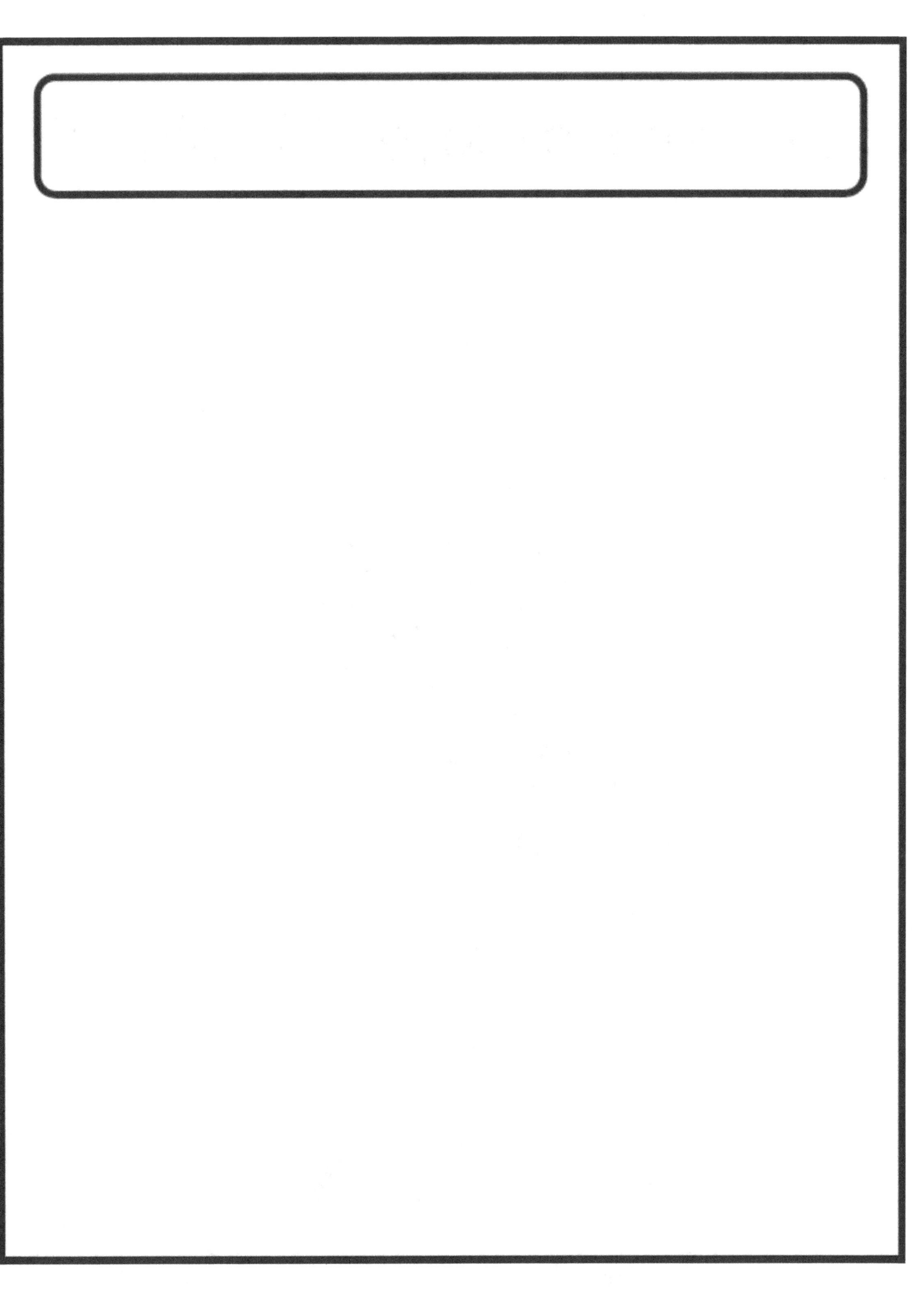

Färben Sie diesen Flamingo

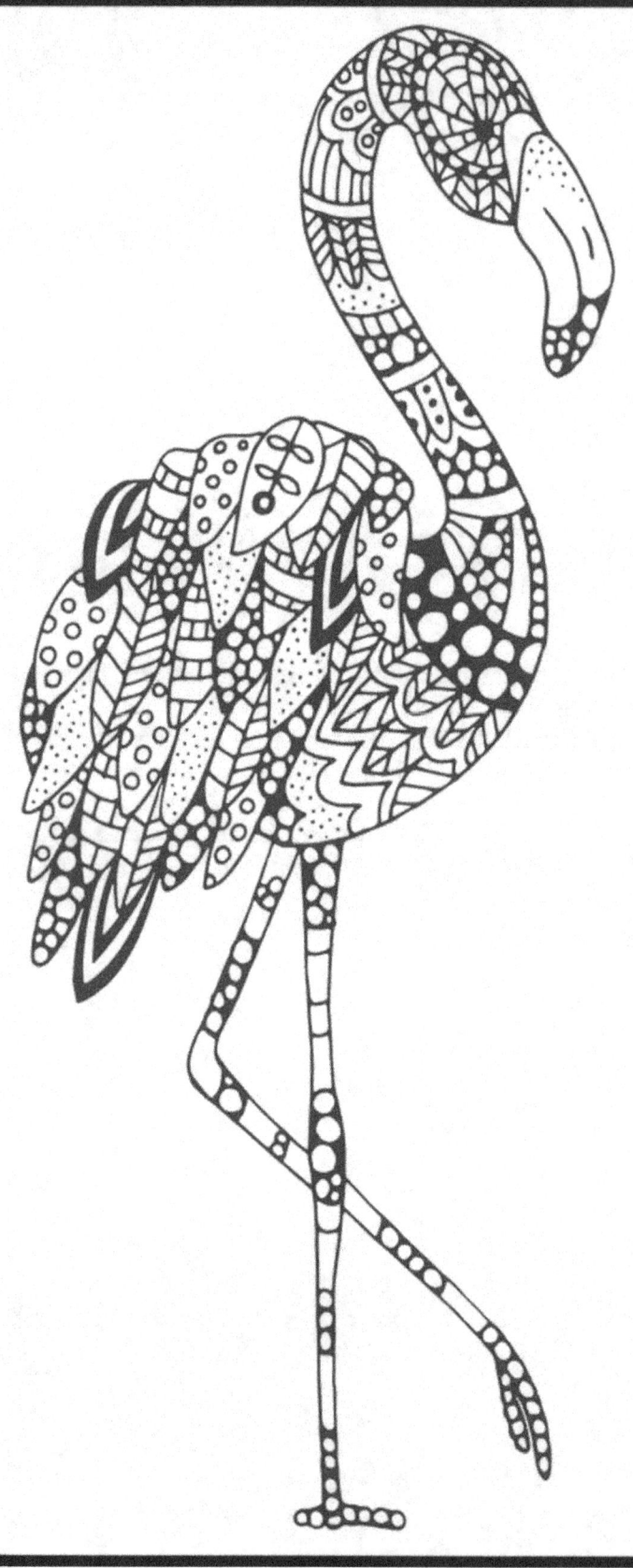

Färben Sie diesen Flamingo

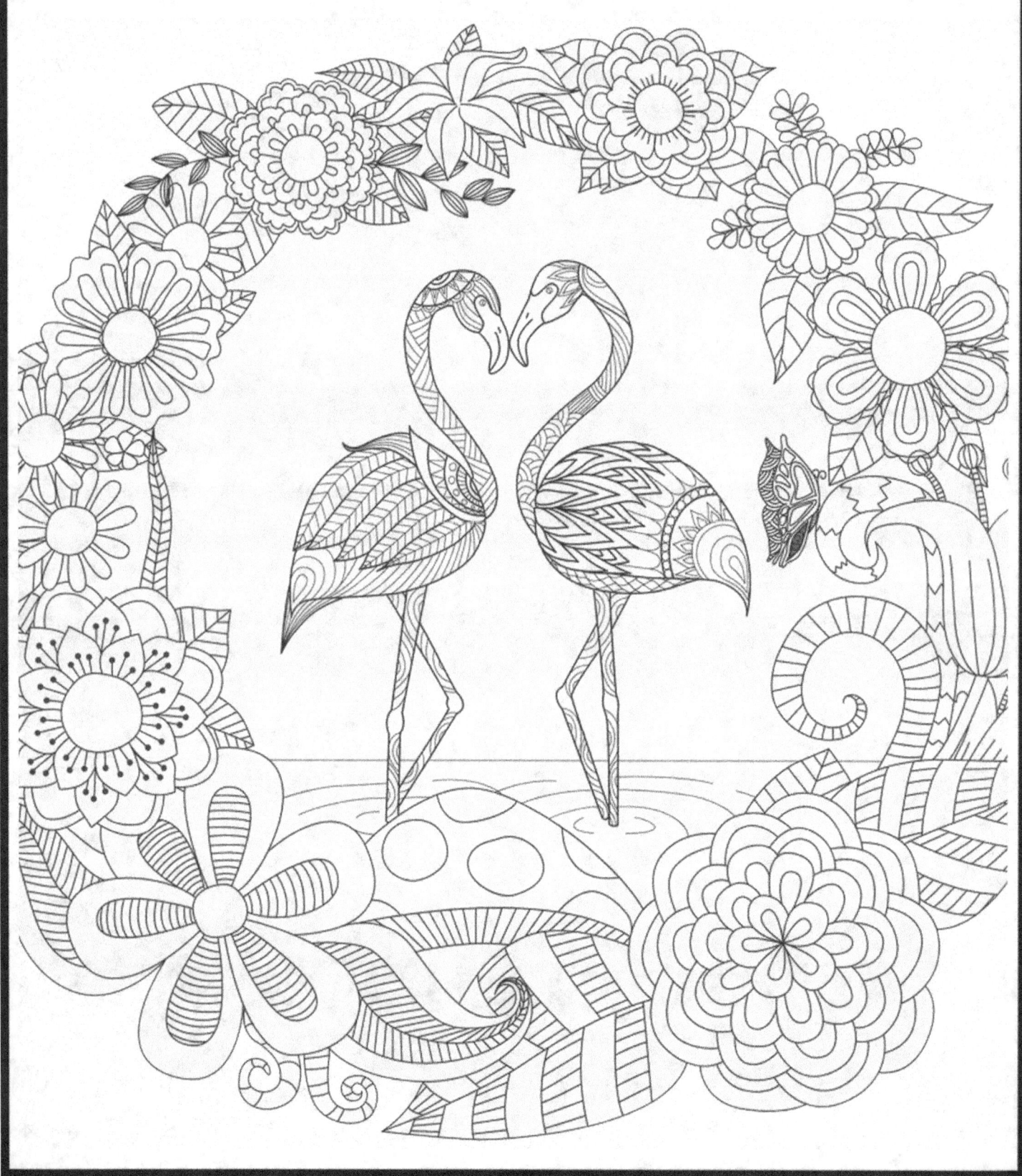

Färben Sie diesen Flamingo

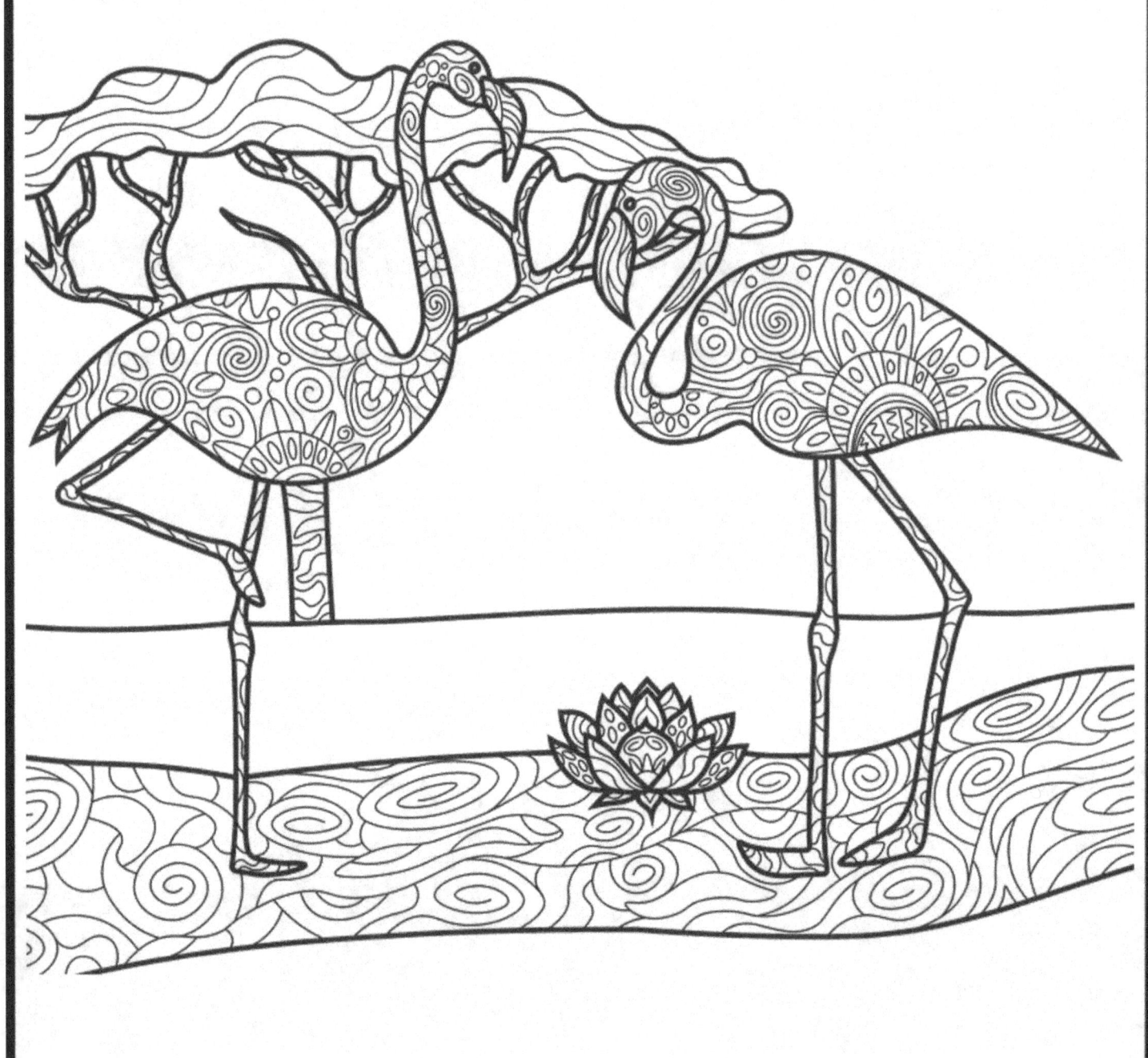

Färben Sie diesen Flamingo

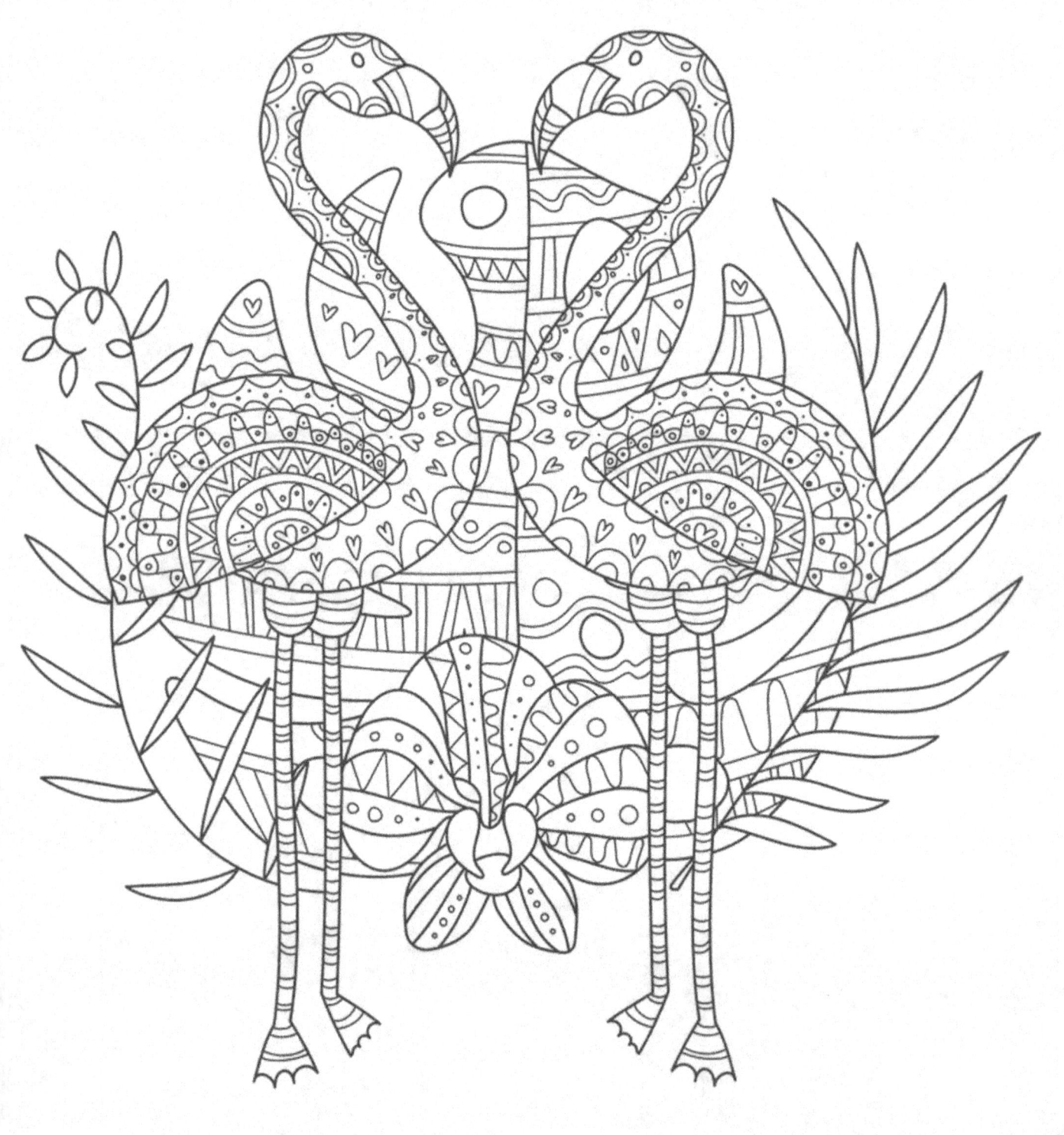

Färben Sie diesen Flamingo

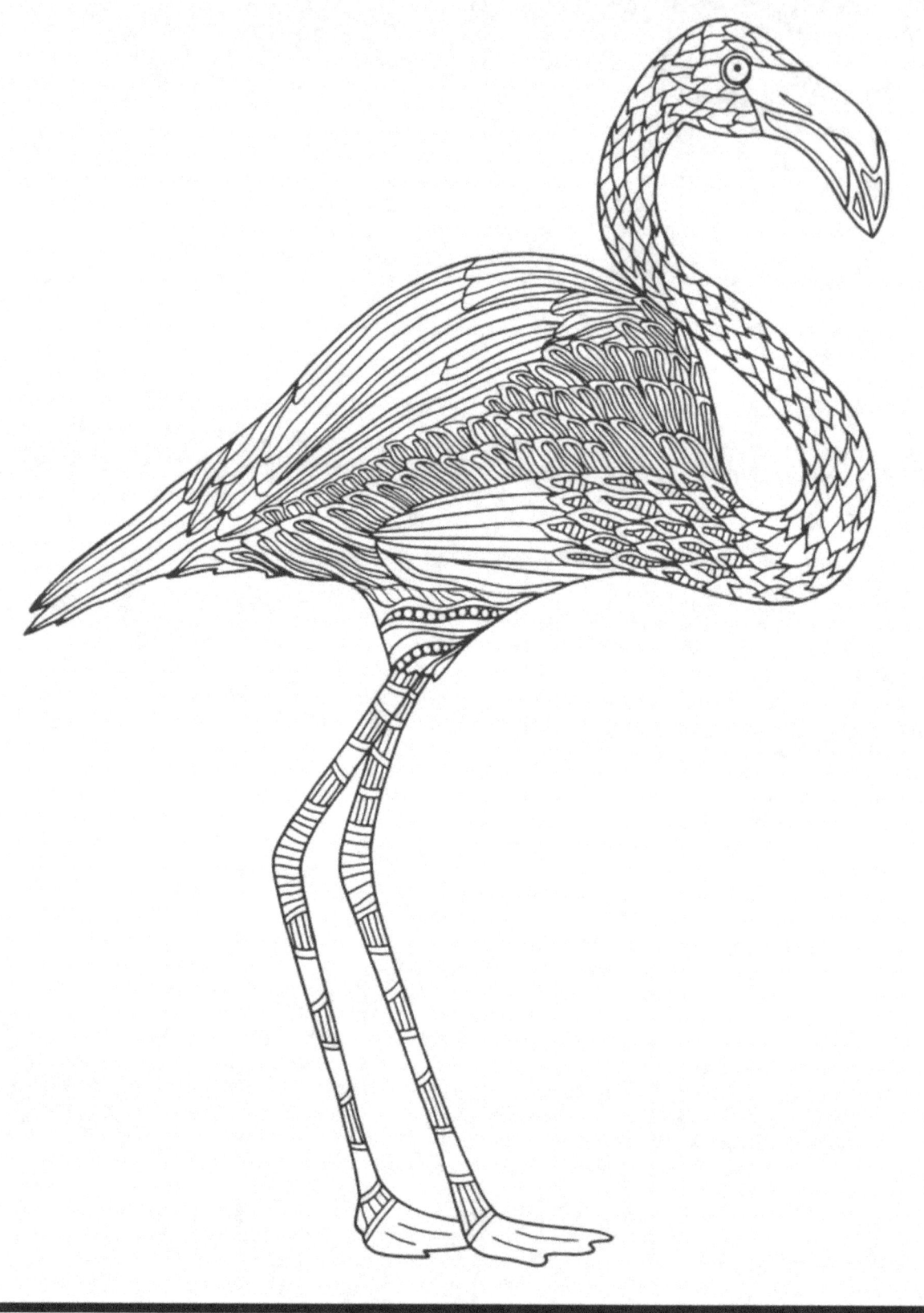

Färben Sie diesen Flamingo

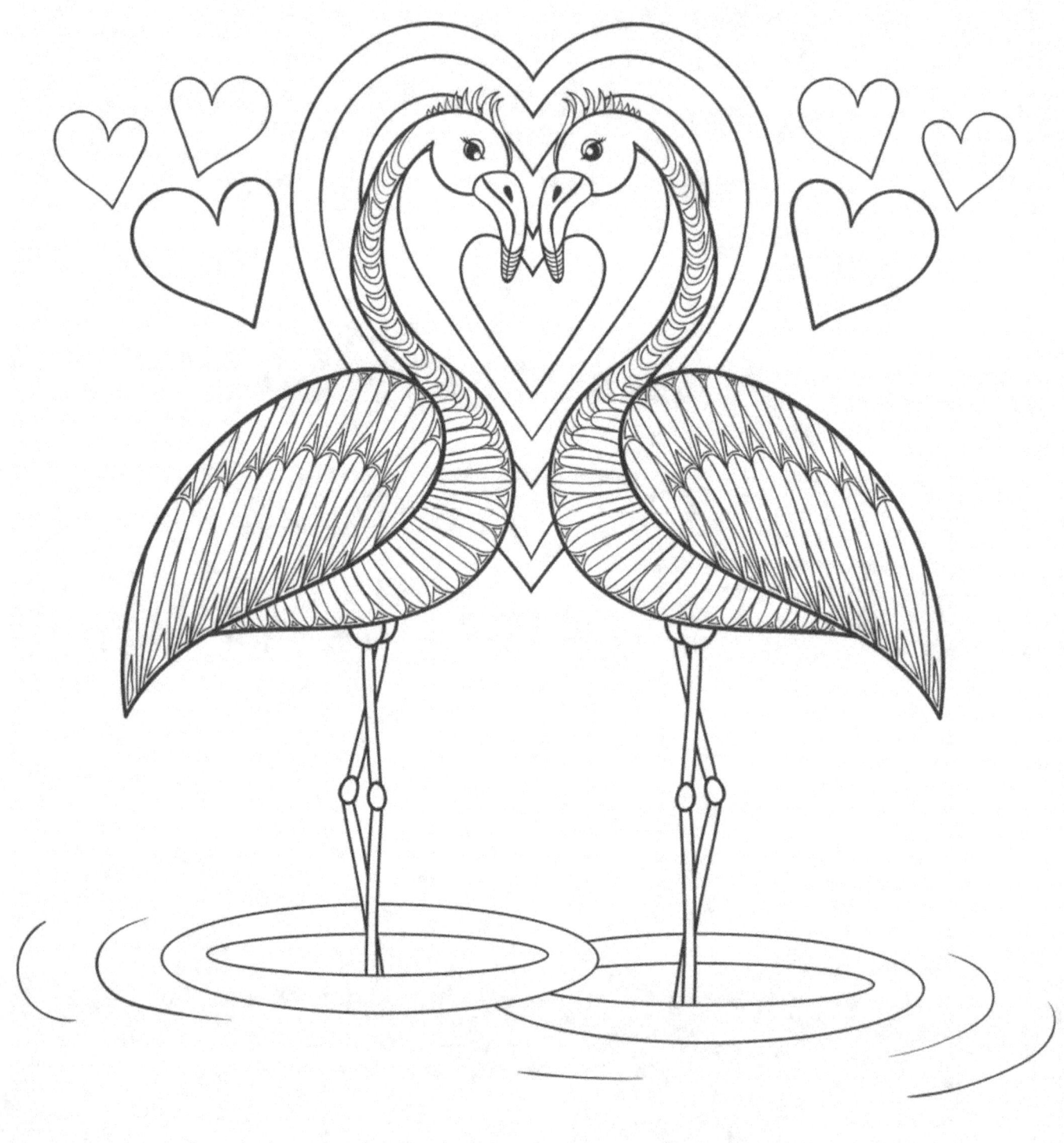

Färben Sie diesen Flamingo

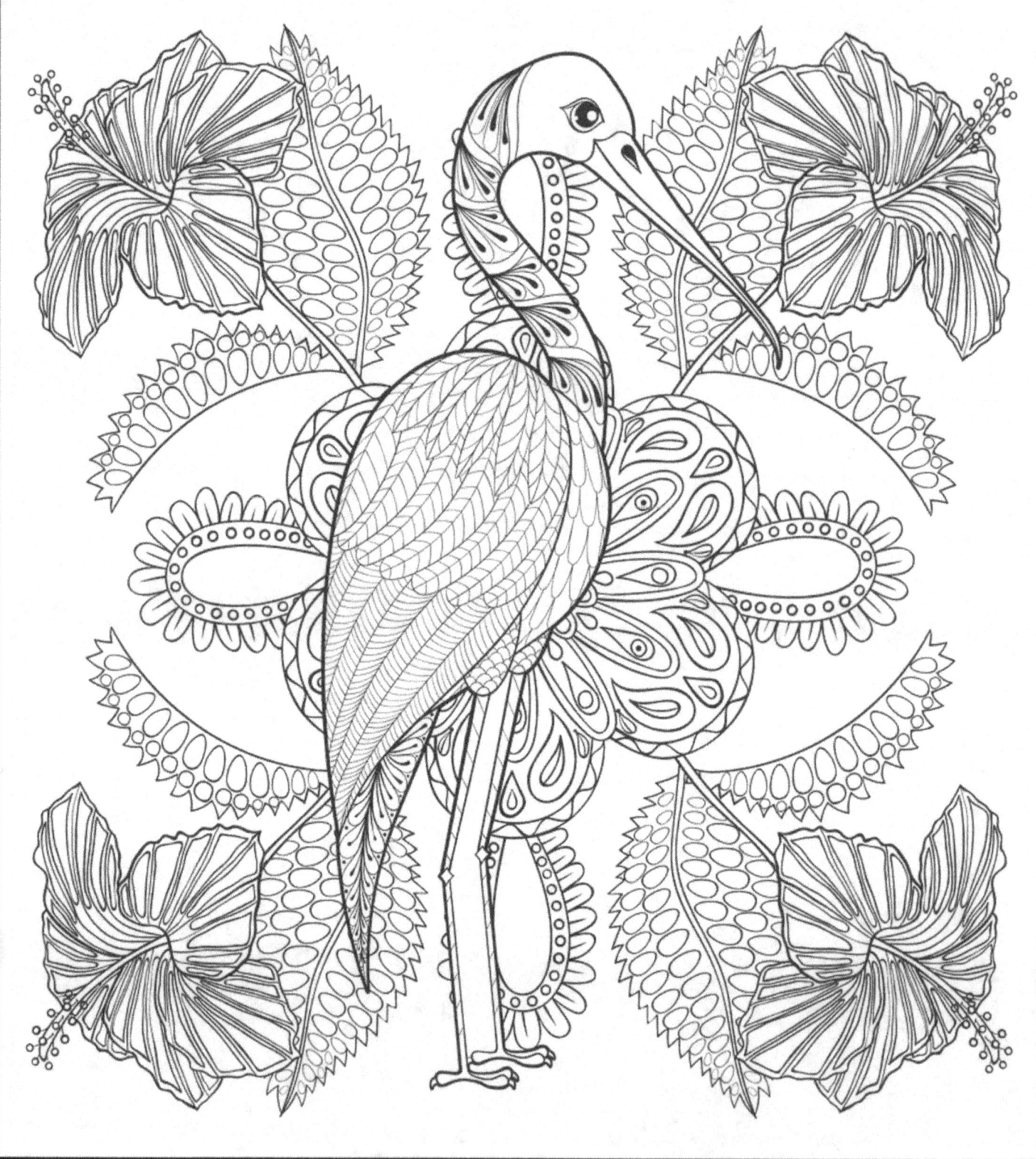

Färben Sie diesen Flamingo

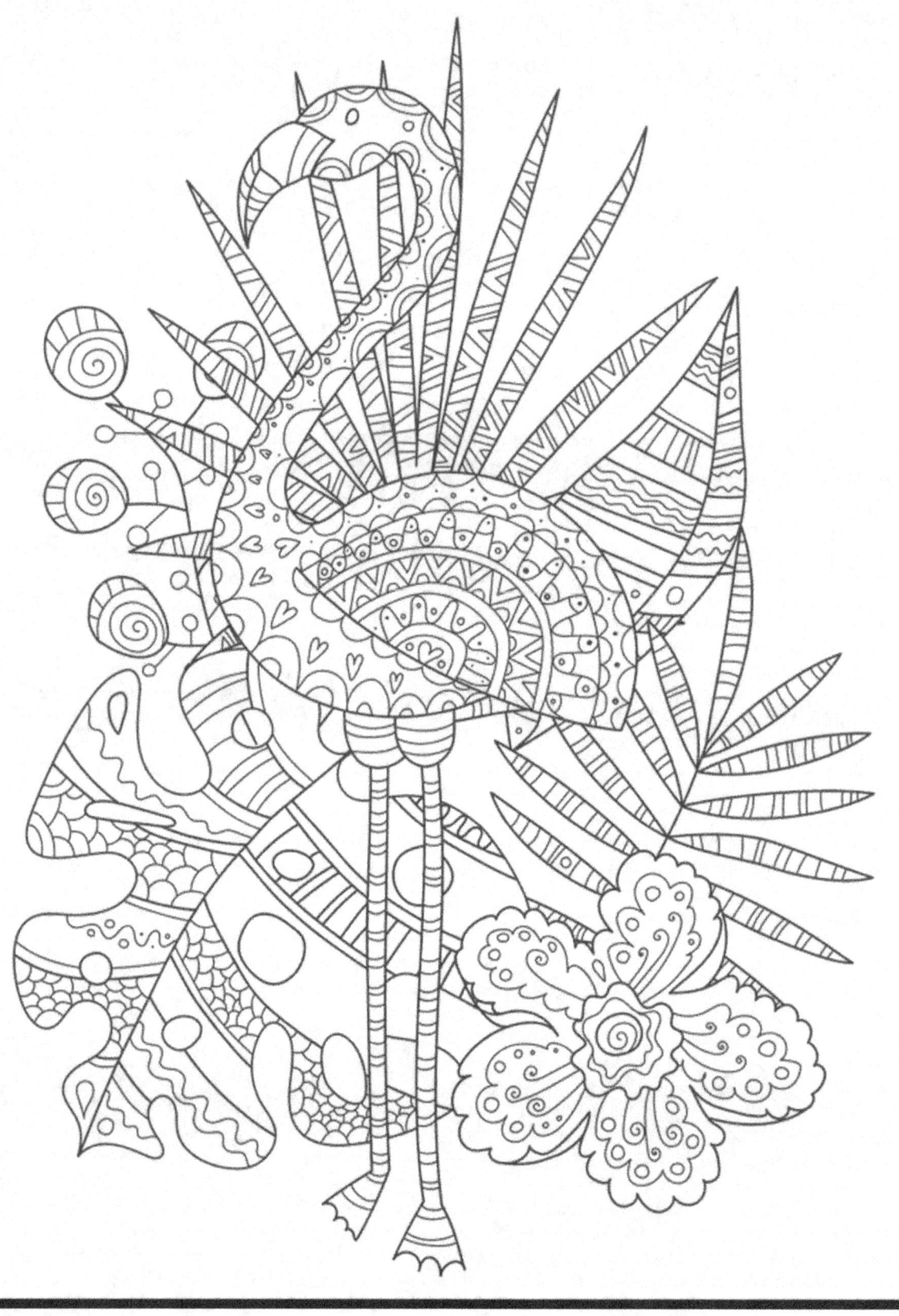

Färben Sie diesen Flamingo

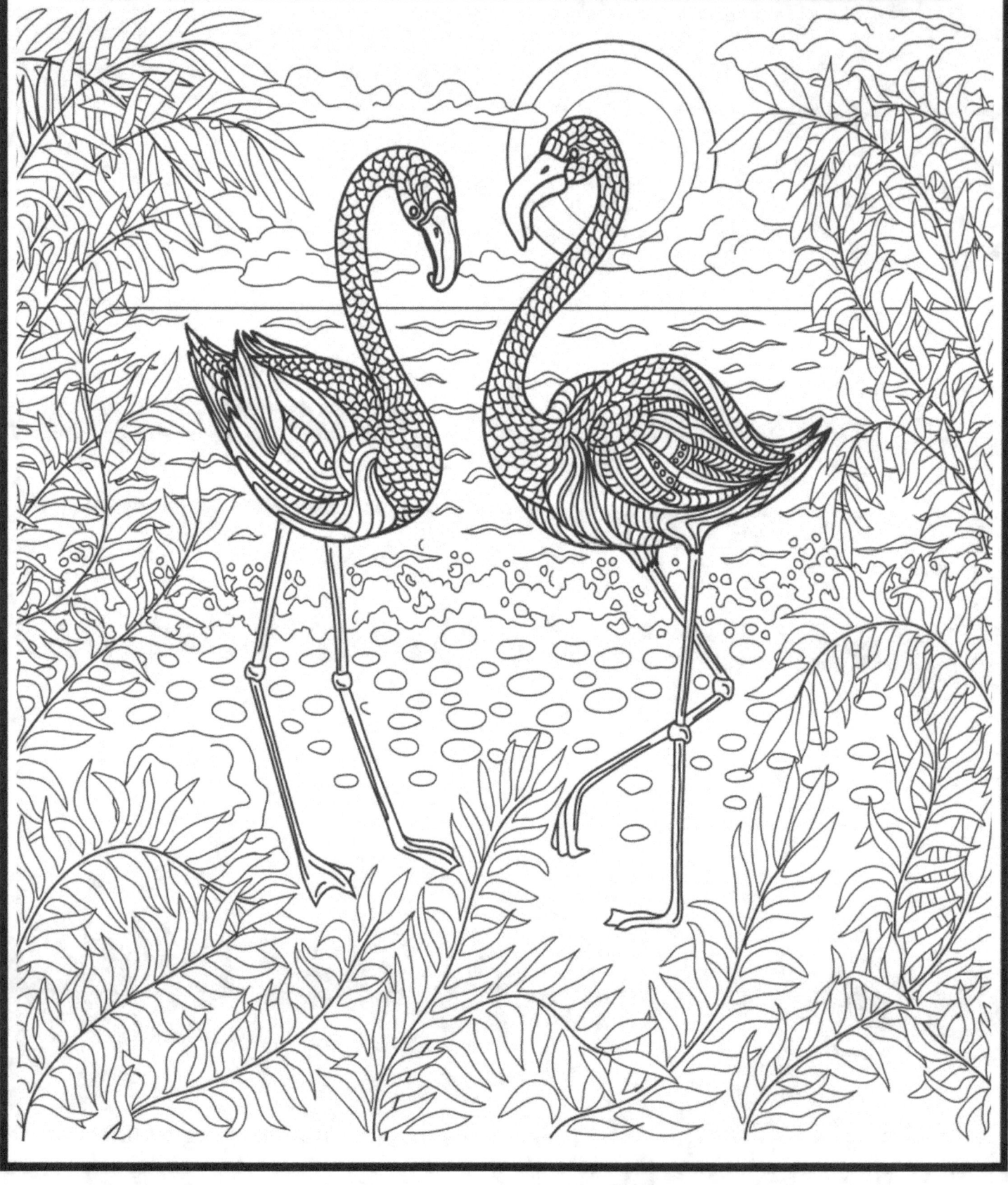

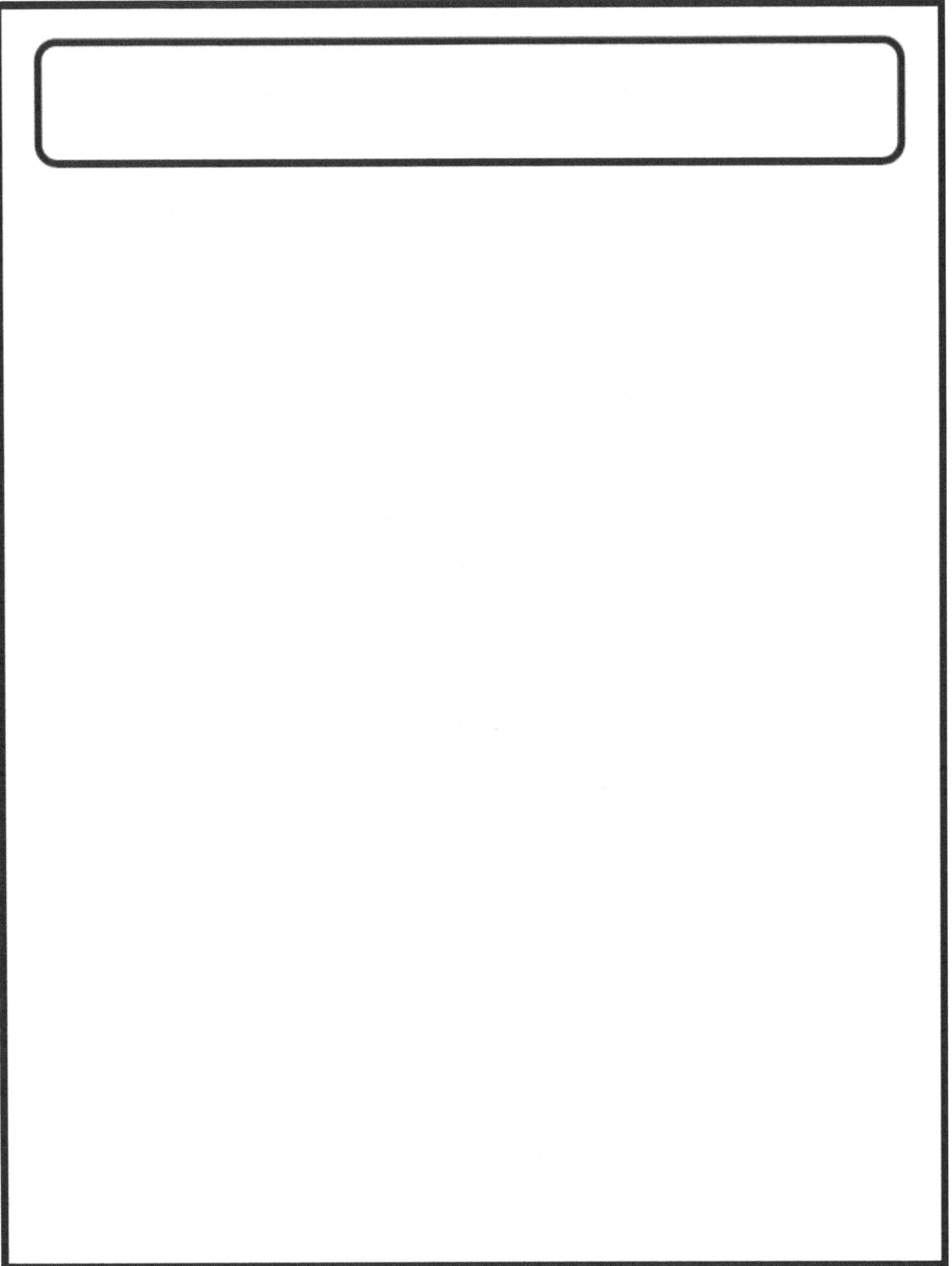

Färben Sie diesen Flamingo

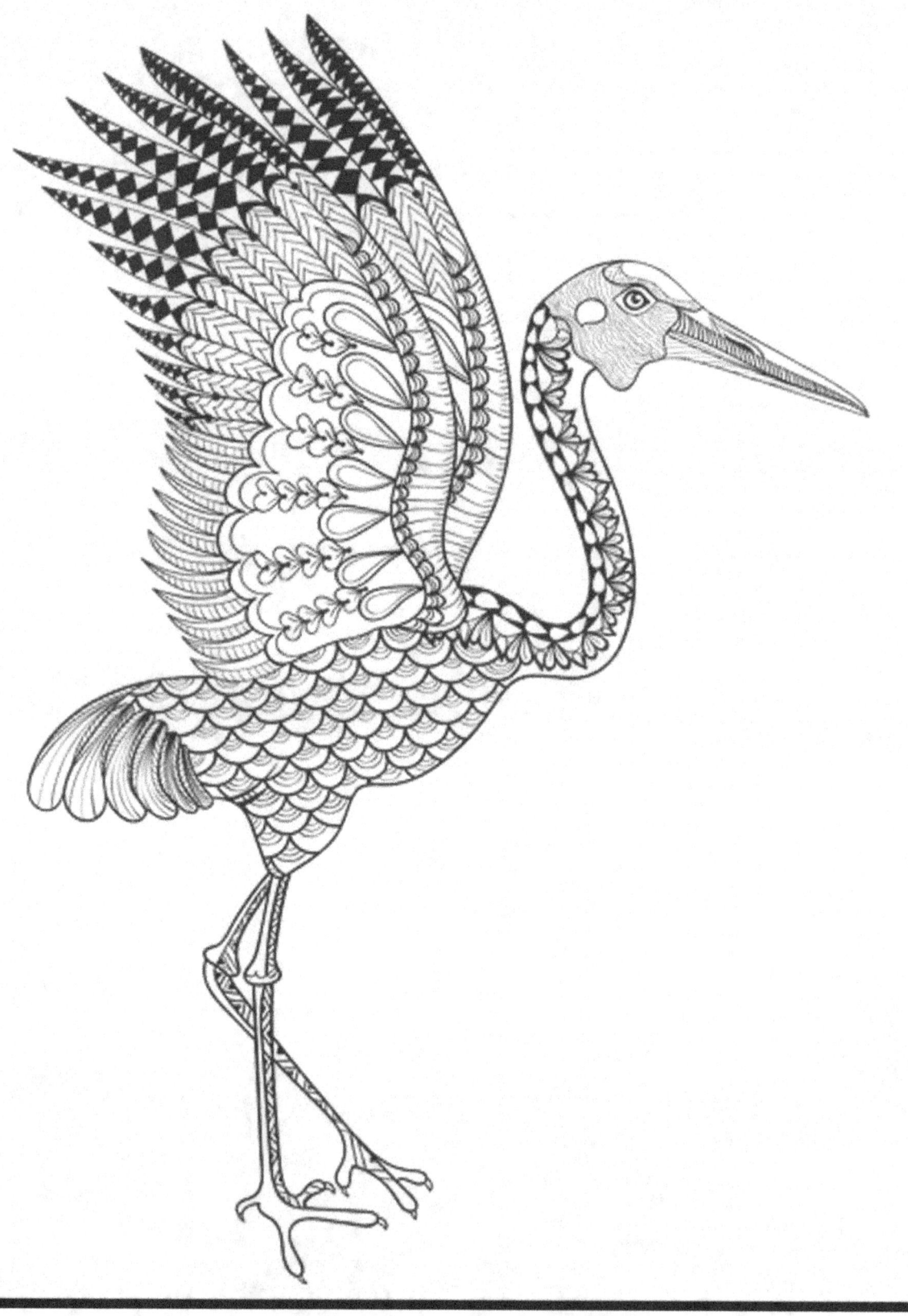

Färben Sie diesen Flamingo

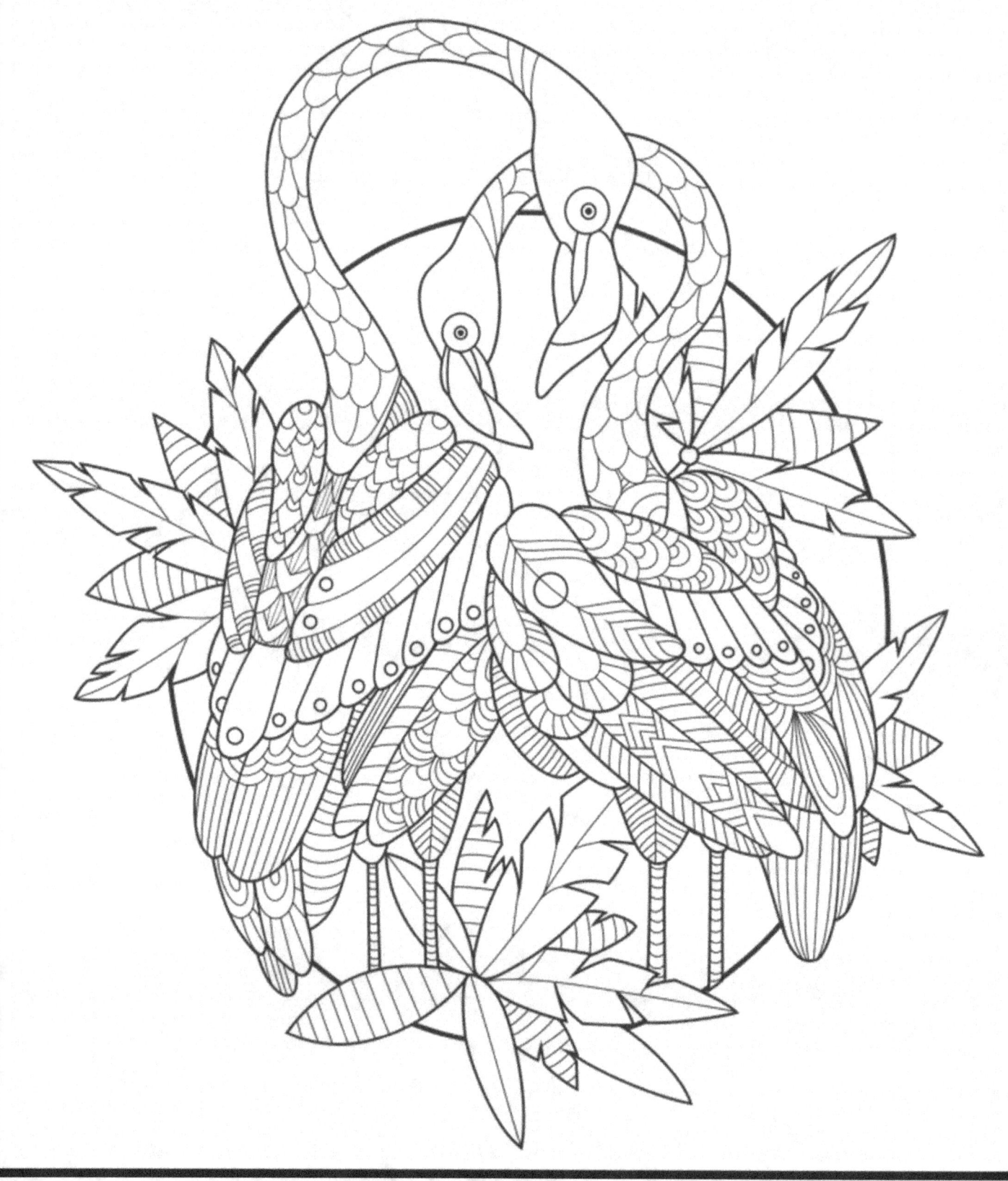

Färben Sie diesen Flamingo

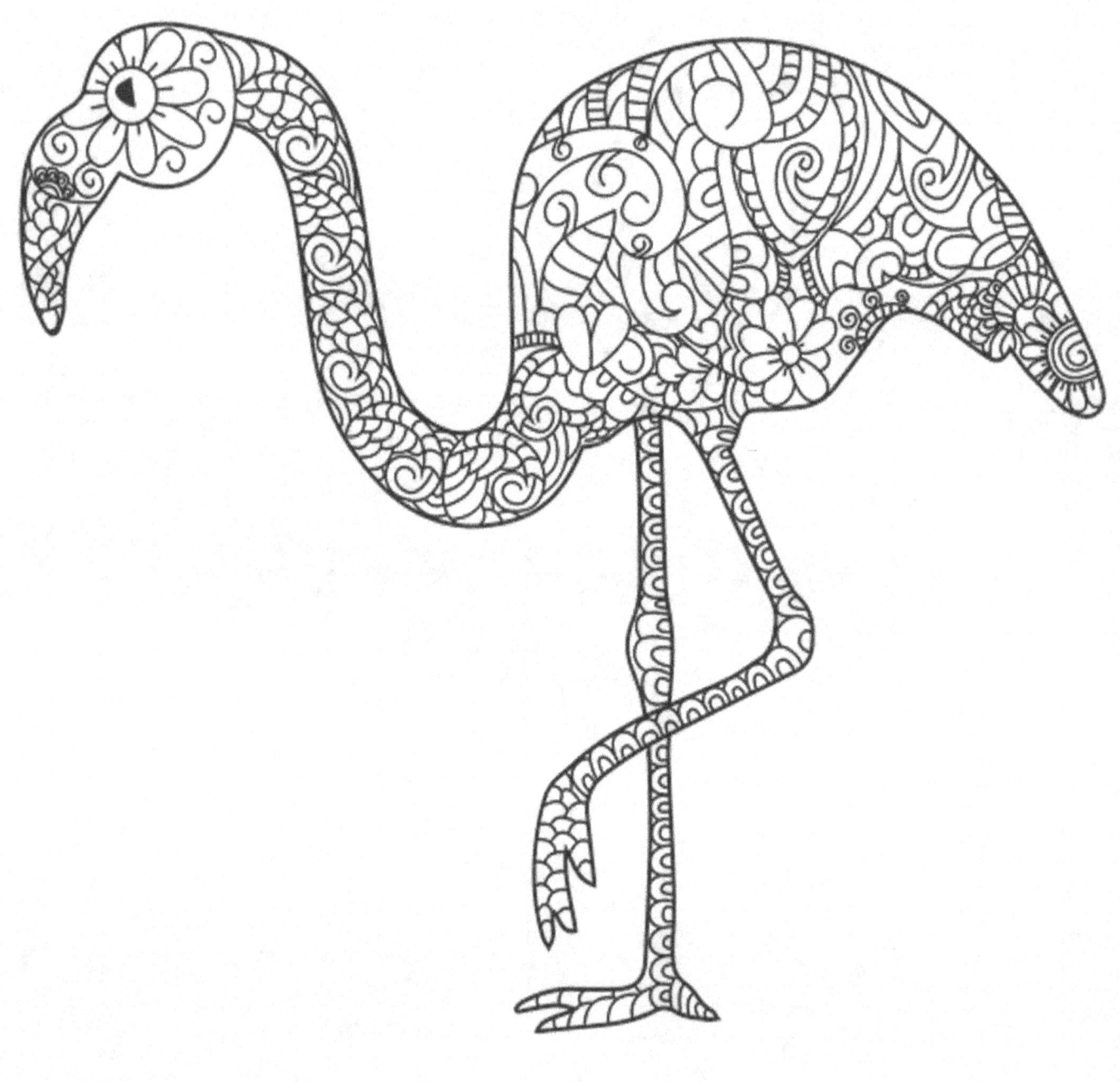

Färben Sie diesen Flamingo

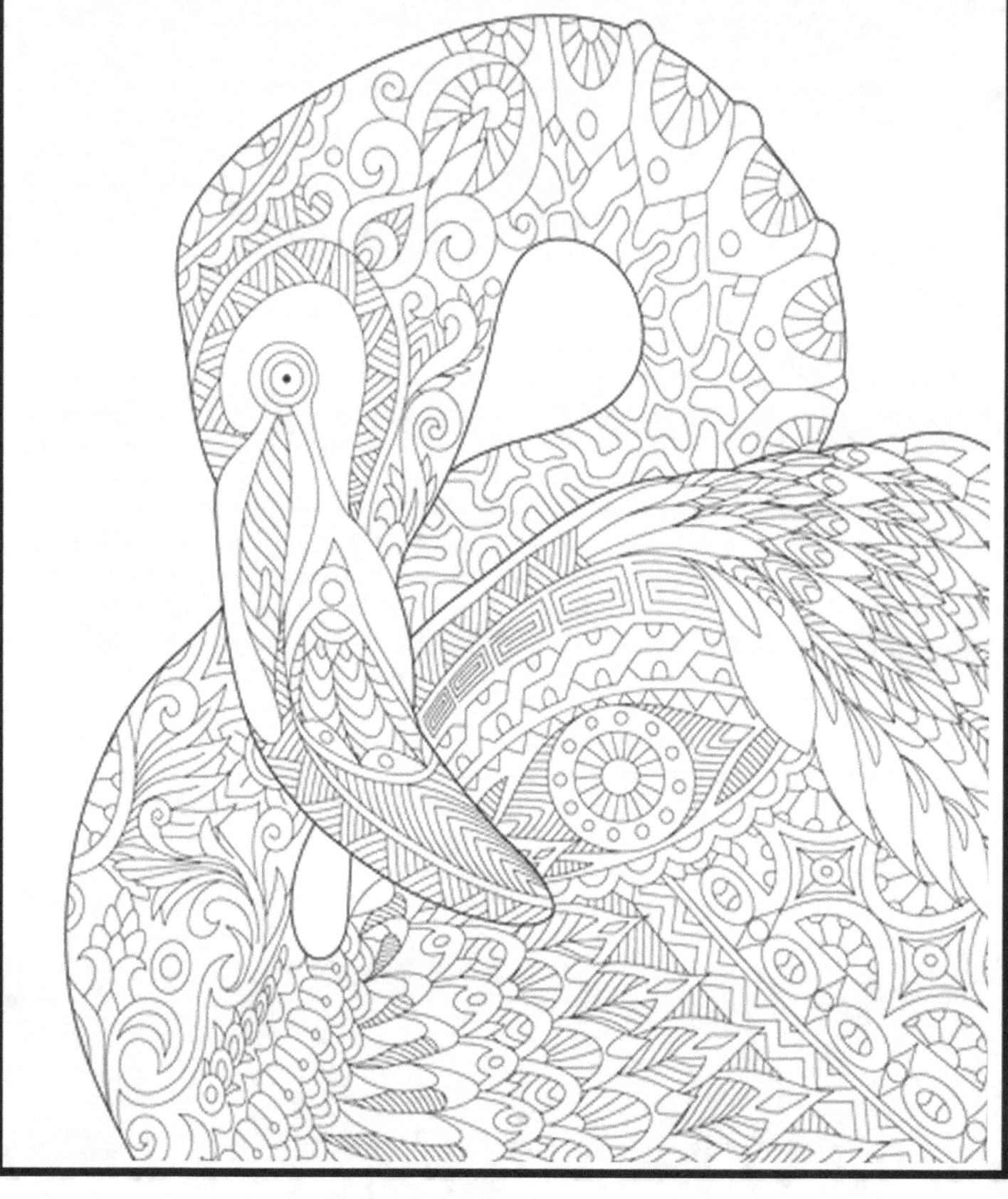

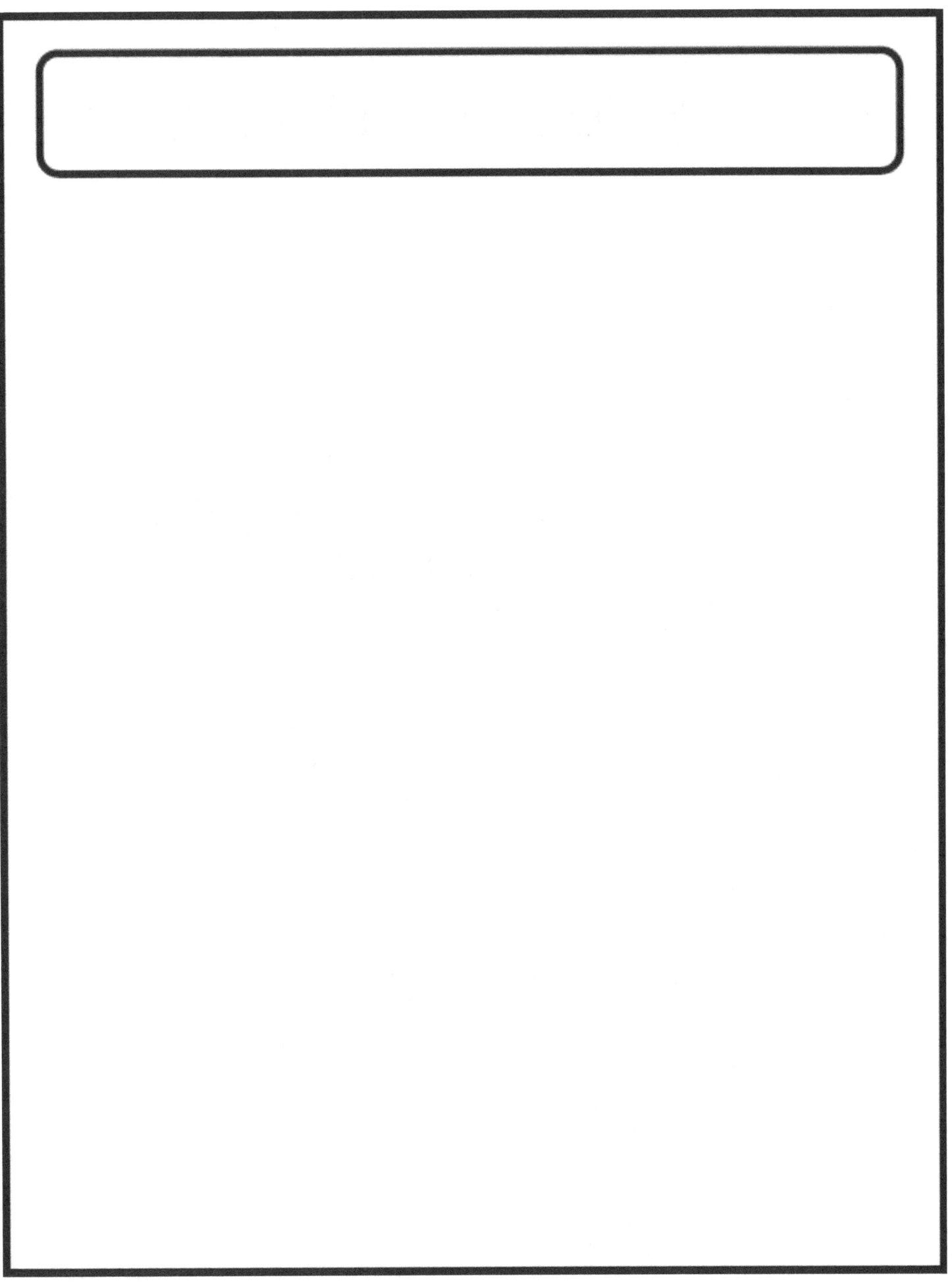

Färben Sie diesen Flamingo

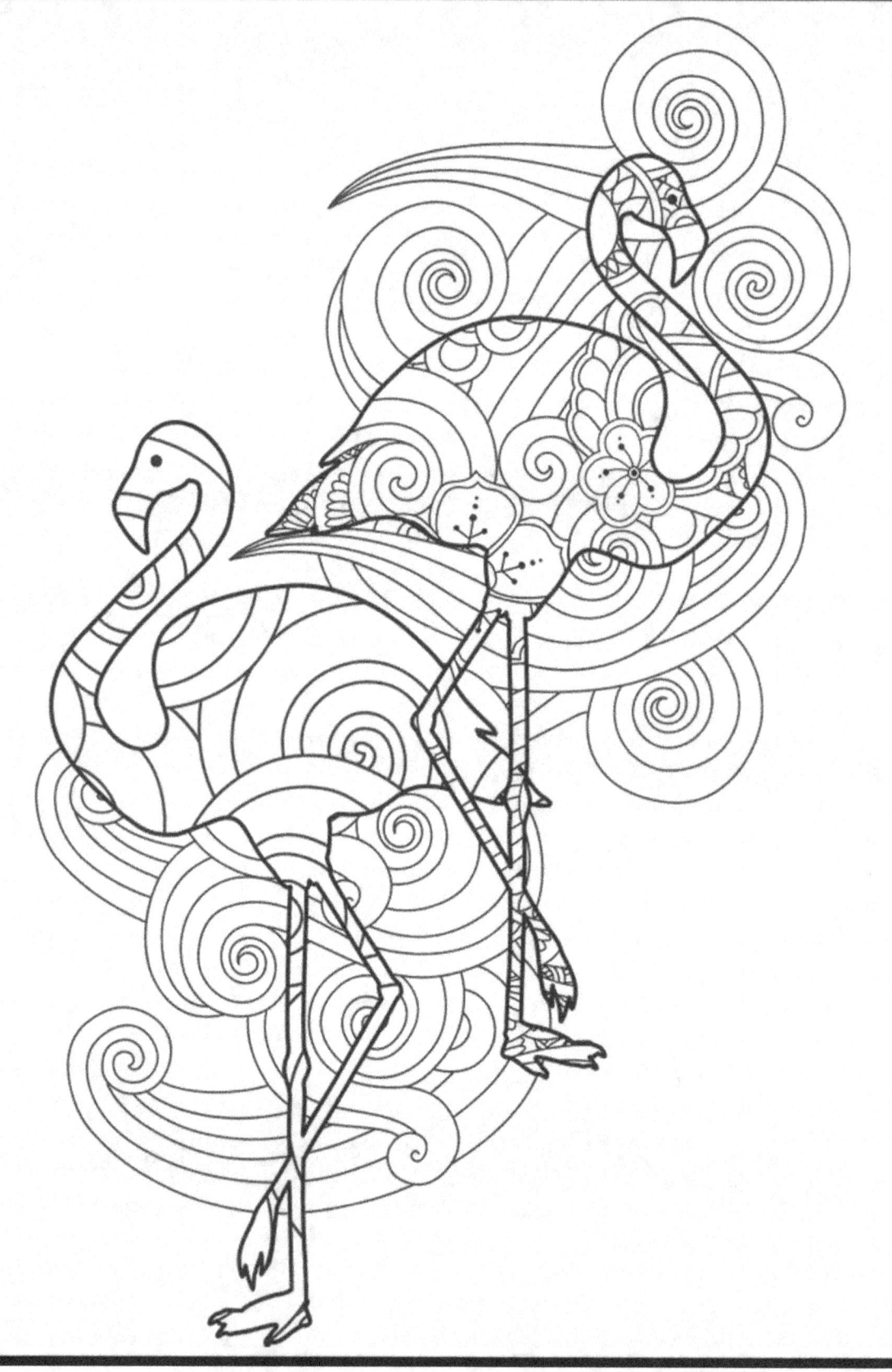

Färben Sie diesen Flamingo

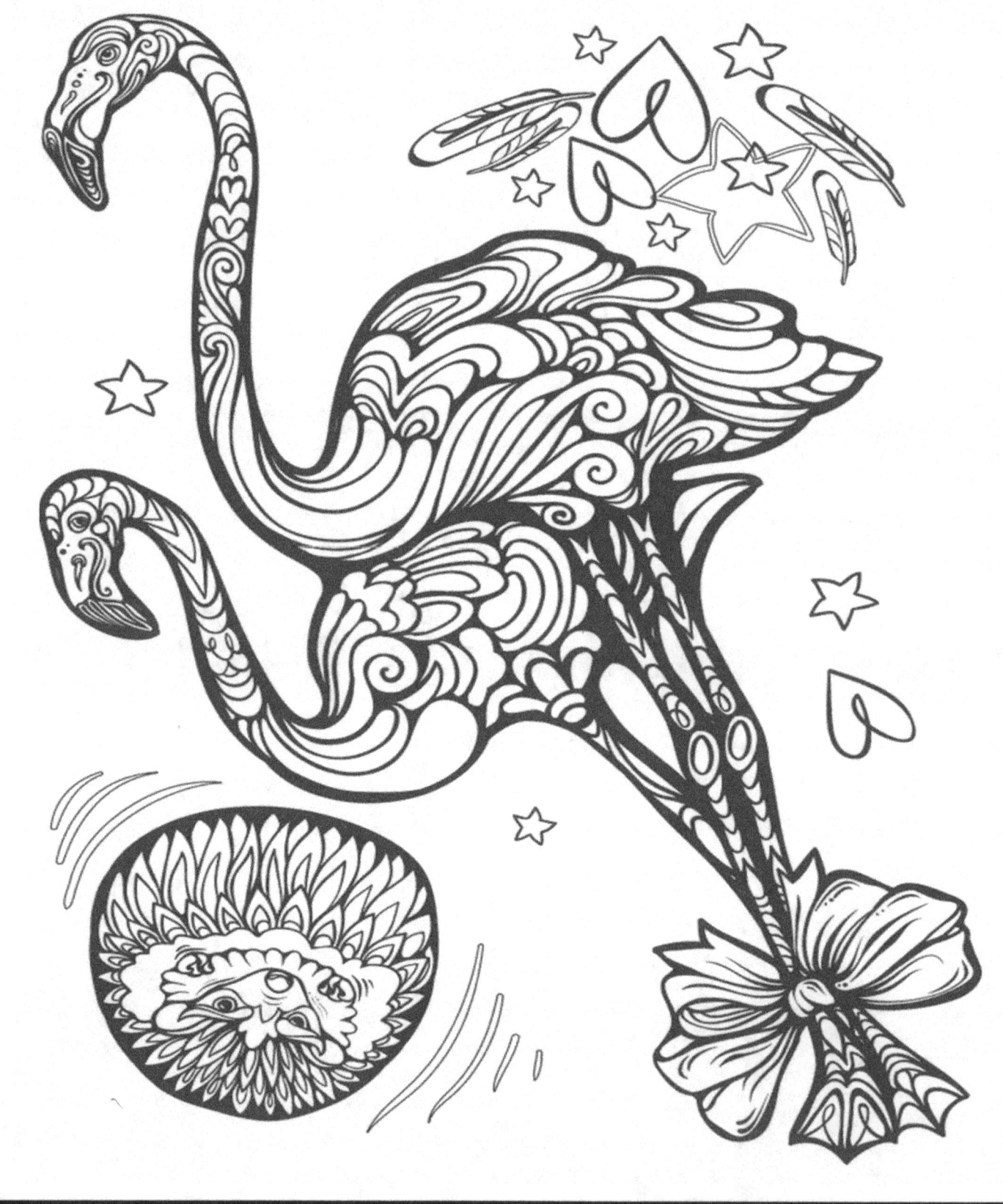

Färben Sie diesen Flamingo

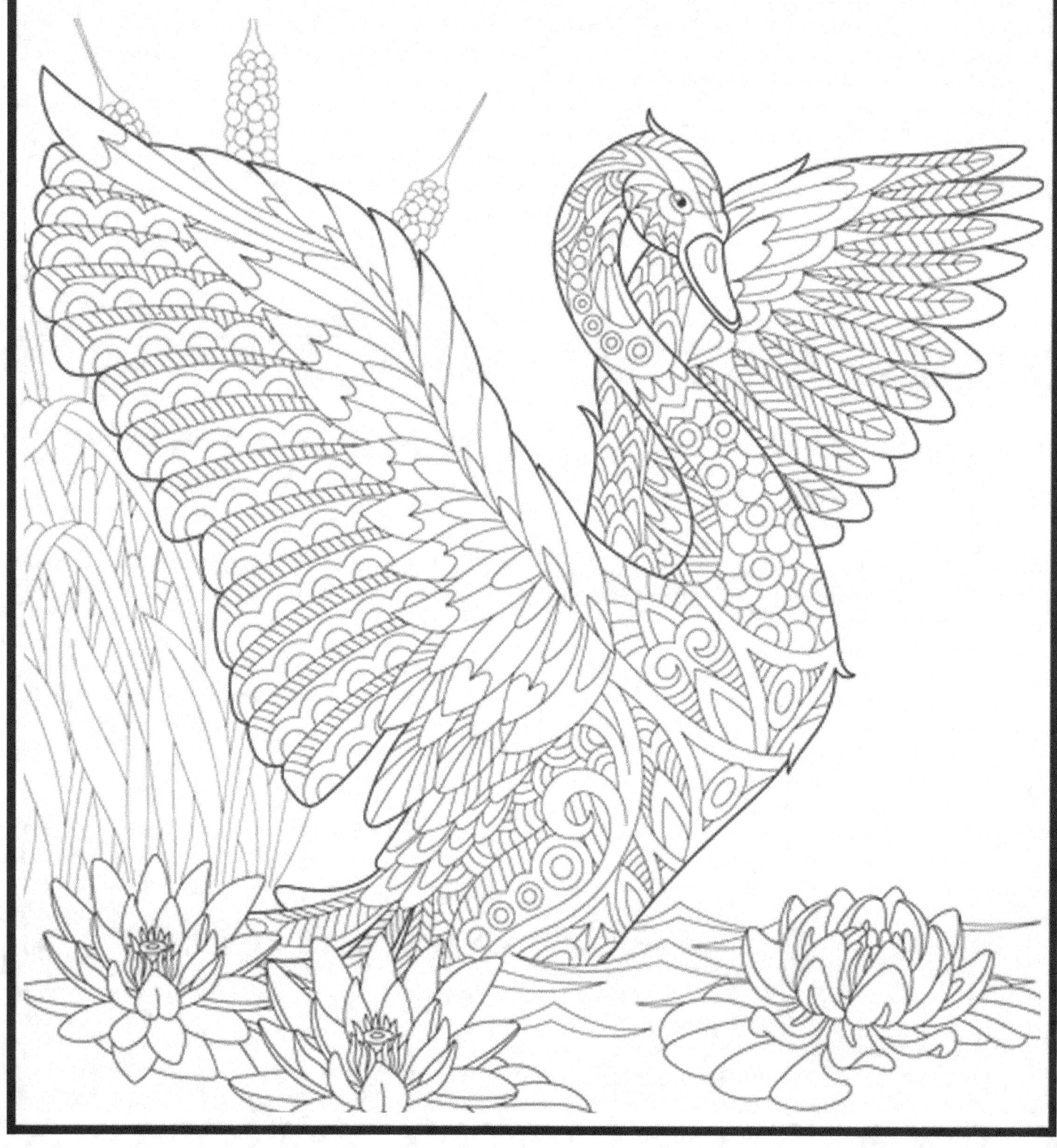

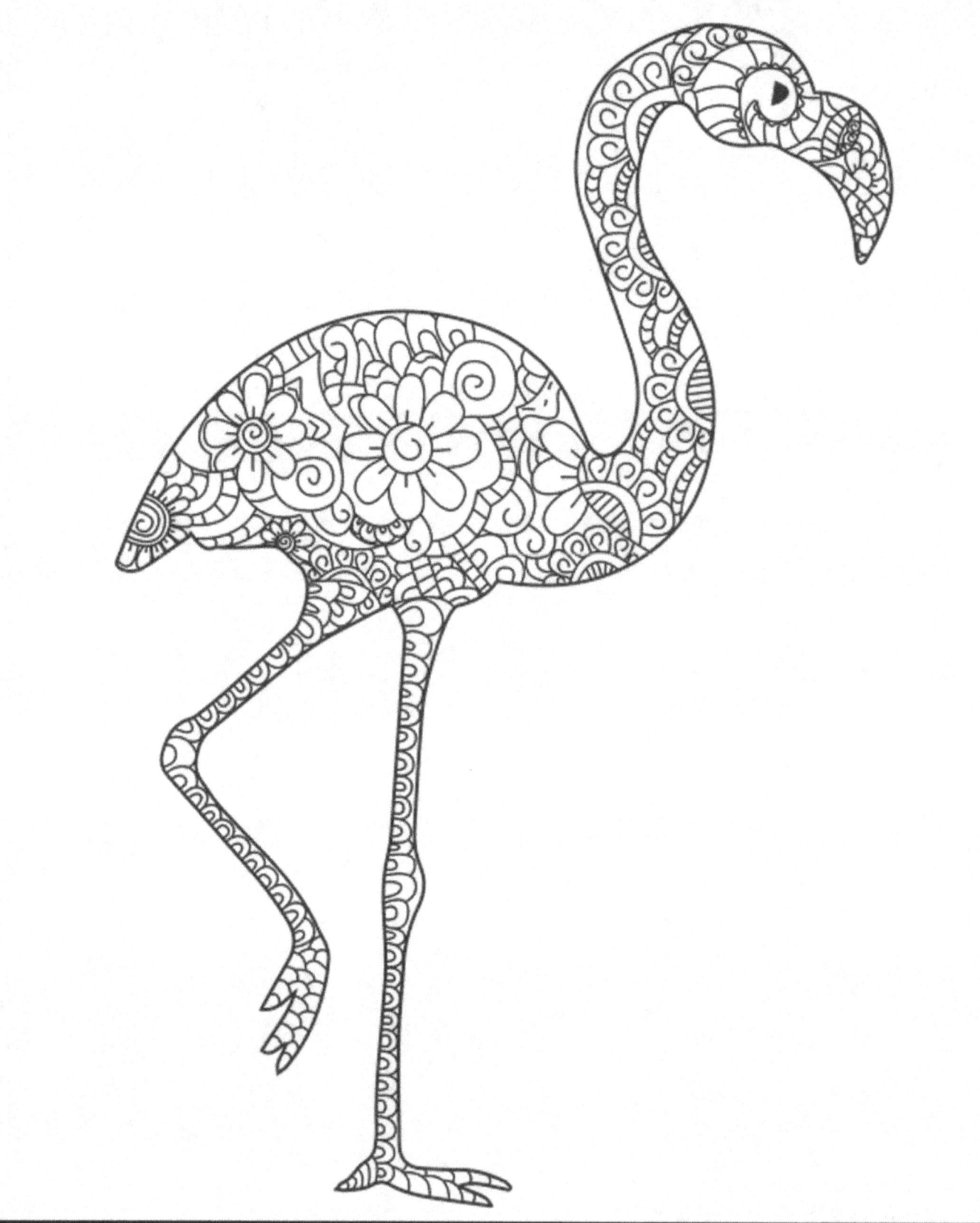

Färben Sie diesen Flamingo

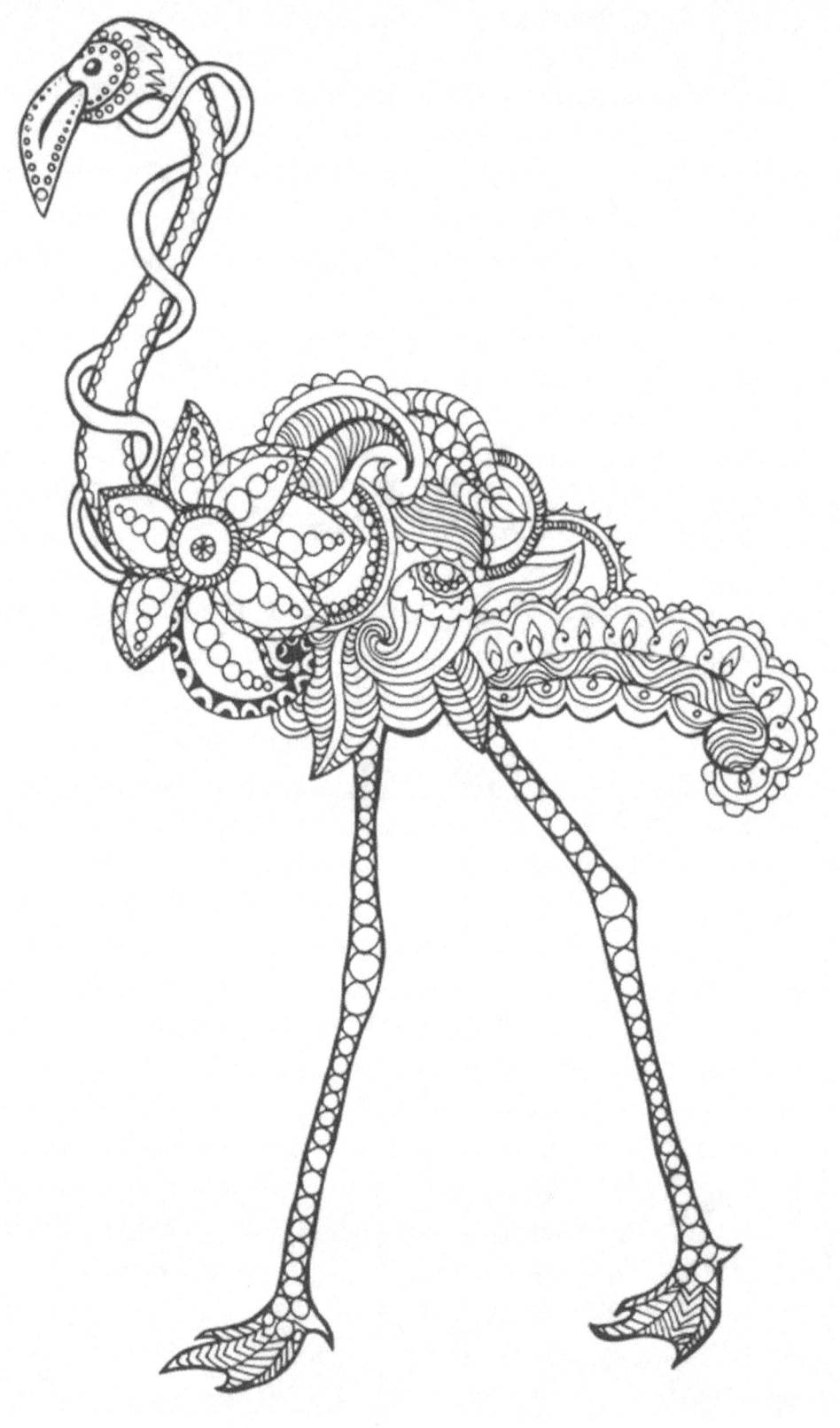

Färben Sie diesen Flamingo

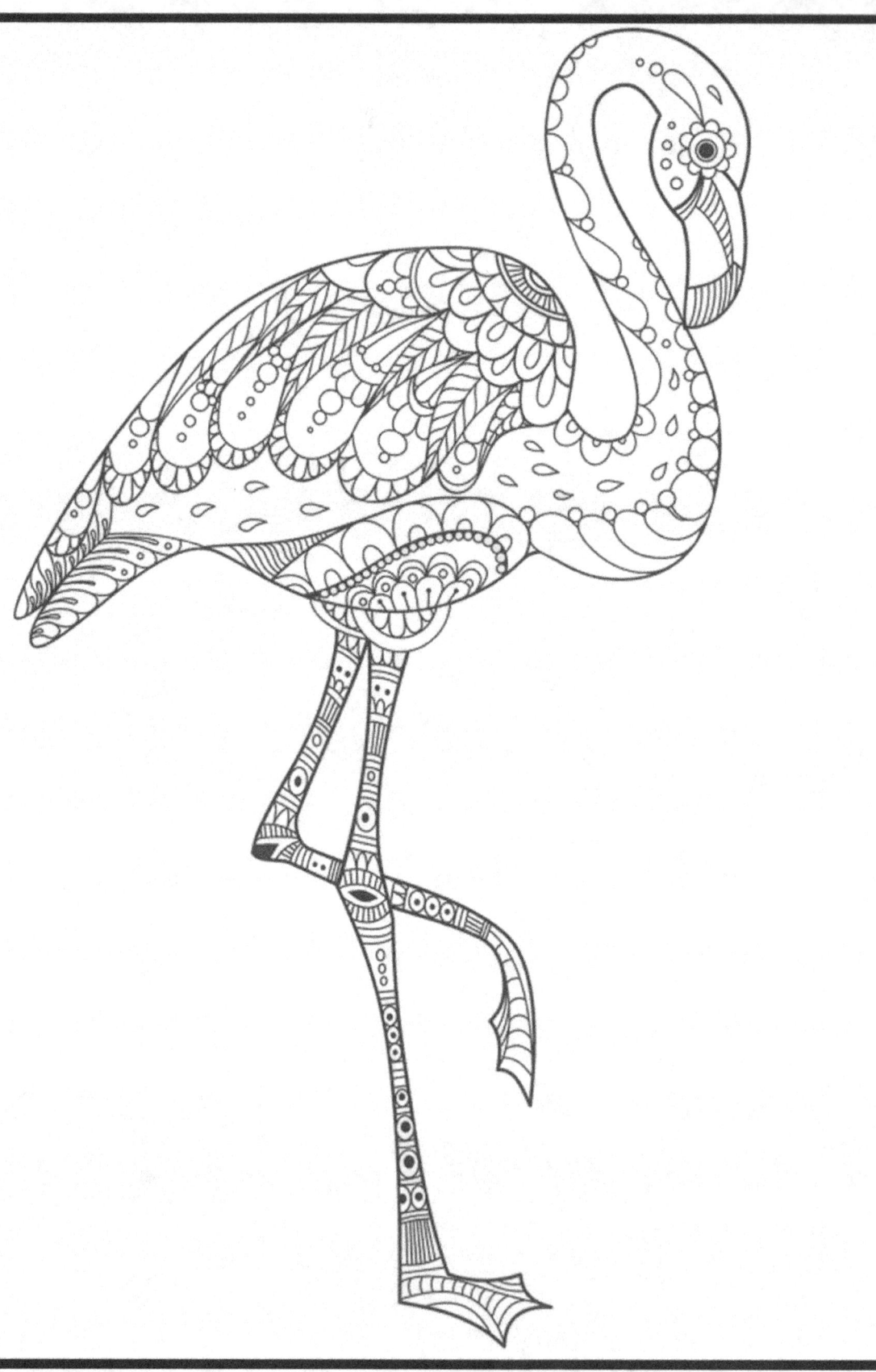

Färben Sie diesen Flamingo

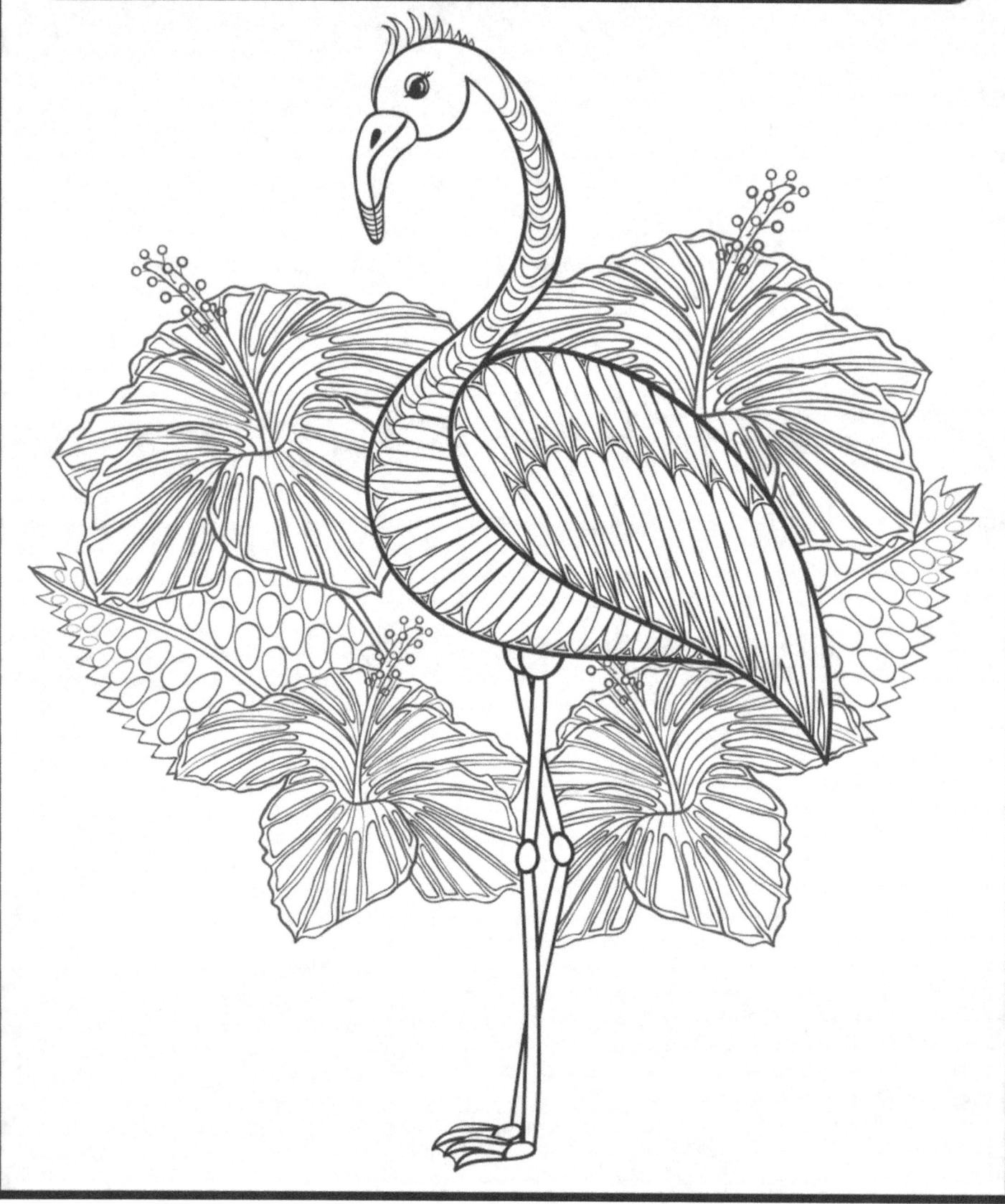

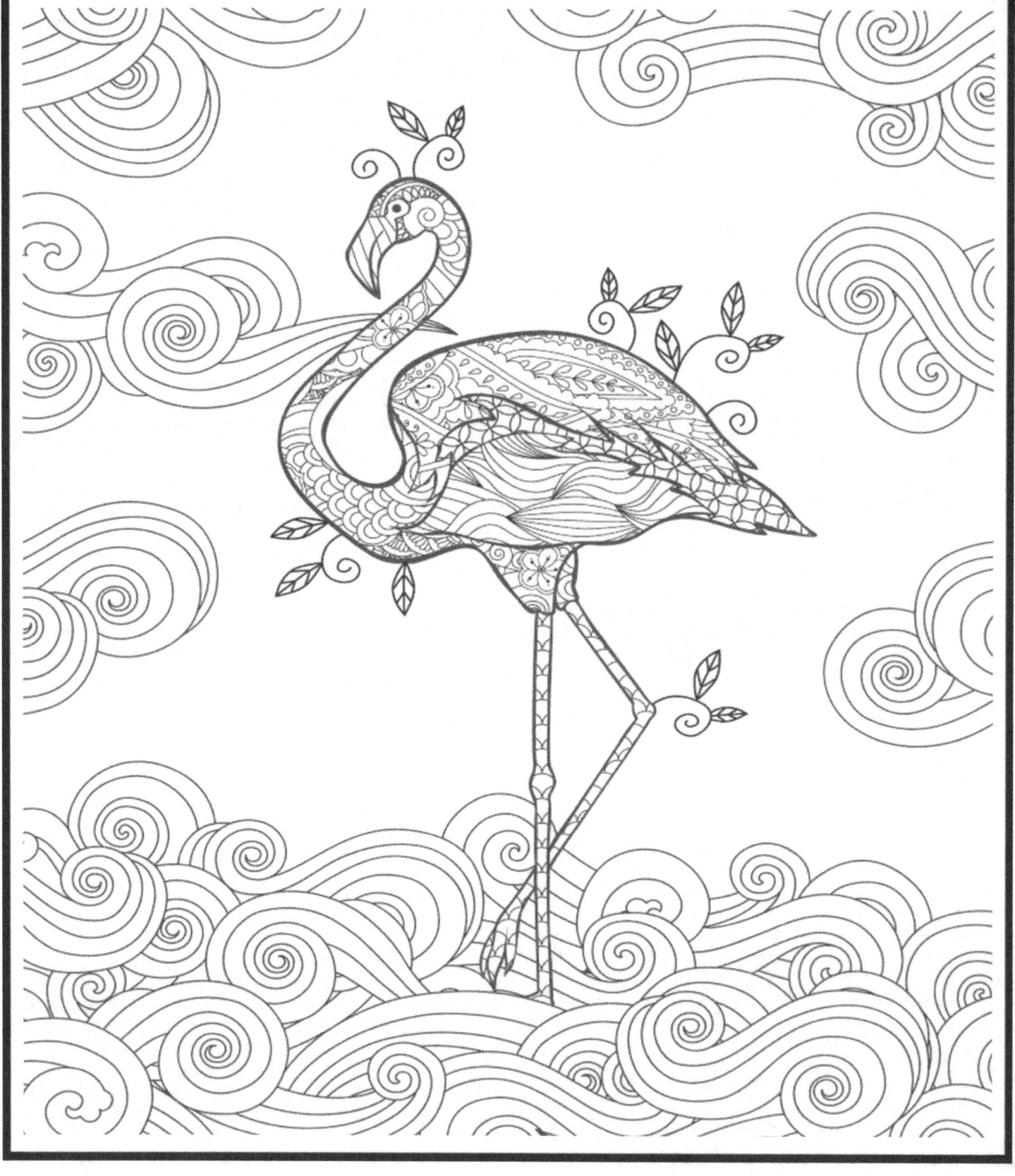

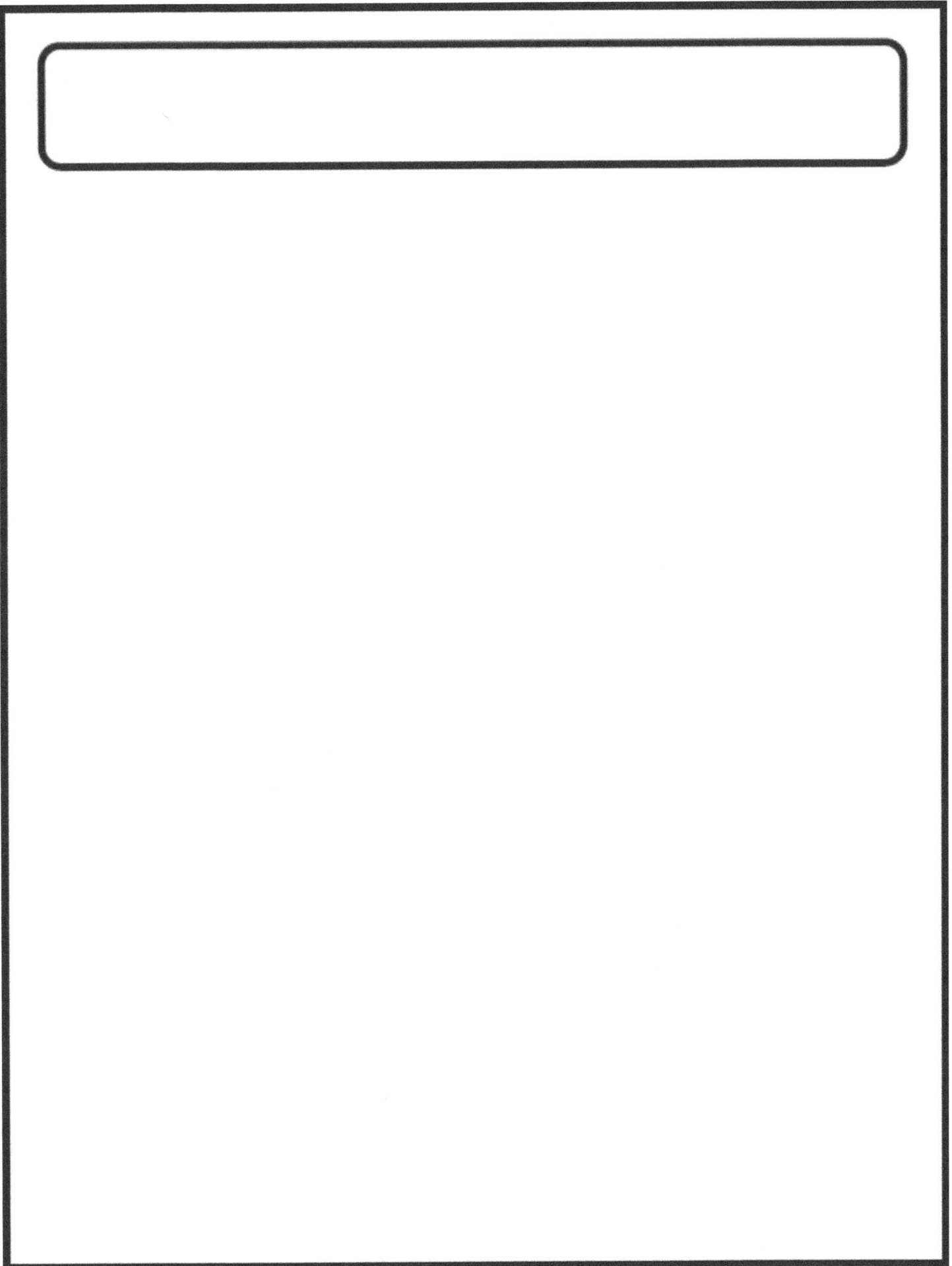

www.ingramcontent.com/pod-product-compliance
Lightning Source LLC
Chambersburg PA
CBHW080531220526
45465CB00006B/2664